Anschluss finden

Mathematik 5

Grundlagentraining

Nina Simon · Hendrik Simon

Name: ______________________________

Klasse: __________

Quellennachweis

Cover: Fahrrad fahren © Sergey Novikov – Shutterstock.com; S. 38: Teetasse © letty17 – iStock; Trinkglas © silver-john – stock.adobe.com; roter Eimer © Liubov Shirokova – 123rf.com; Tintenpatrone © lantapix – stock.adobe.com; Badewanne © stocksolutions – 123rf.com; 1 l Wasserflasche © stockphoto-graf – stock.adobe.com; Löffel © silver-john – stock.adobe.com

Bestell-Nr. 5504-57 · ISBN 978-3-619-55457-7

www.mildenberger-verlag.de
E-Mail: info@mildenberger-verlag.de
Auflage 4 3 2 1
Jahr 2022 2021 2020 2019

Redaktion: Sebastian Tonner
Illustrationen: tiff.any GmbH, Berlin/Jennifer Wenzel
Layoutkonzeption: tiff.any GmbH, Berlin
Gestaltung und Satz: tiff.any GmbH, Berlin
Druck: B&K Offsetdruck, 77833 Ottersweier

Mildenberger

Rechtecke **Dreiecke** **Kreise** **Quadrate** sind besondere Rechtecke

1 Wie viele Formen erkennst du? Fülle die Tabellen aus.

Form	Anzahl
Rechteck	
Kreis	
Dreieck	

Form	Anzahl

2 Zeichne die Formen freihand zu Ende.

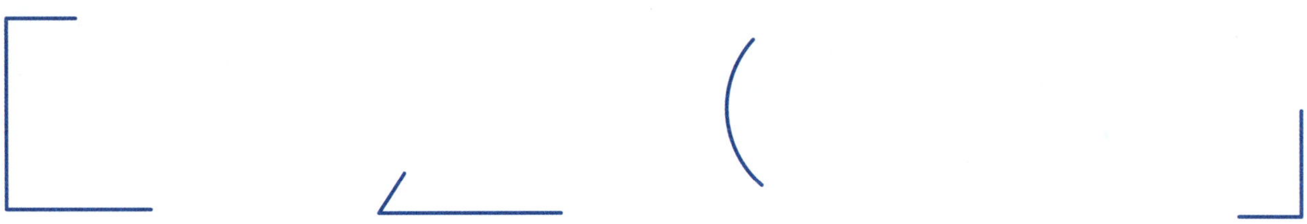

Rechteck Dreieck Kreis Quadrat

3 Zeichne die vorgegebenen Formen freihand.

drei Quadrate

vier Kreise

zwei Dreiecke in einem Rechteck

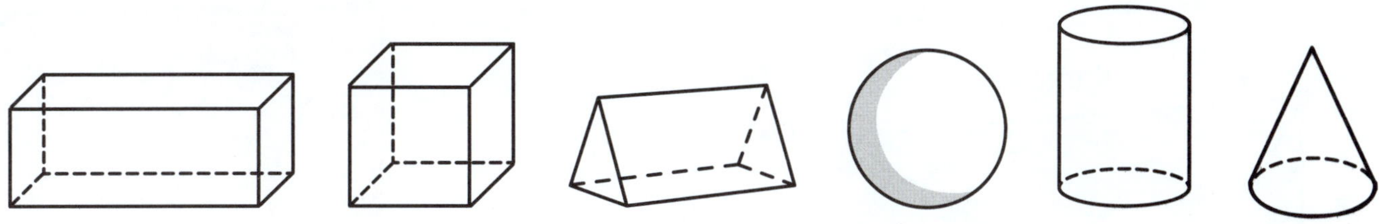

Quader **Würfel** **Prisma** **Kugel** **Zylinder** **Kegel**

1 Wie viele sind es? Zähle.

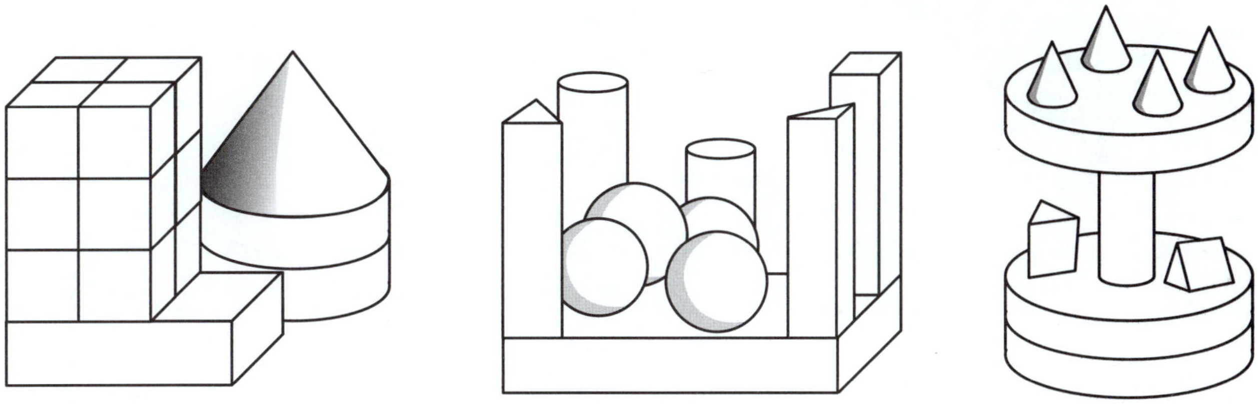

___ Würfel	___ Kugeln	___ ________
___ Kegel	___ Prismen	___ ________
___ Zylinder	___ Quader	___ ________

2 Färbe die Körper aus Aufgabe 1 entsprechend ein.

Würfel: blau	Zylinder: rot	Quader: lila
Kegel: gelb	Prisma: grün	Kugel: orange

3 Welche Körper schwimmen hier im Wasser?

________ ________ ________

________ ________

4 Welche Körperformen haben die Gegenstände?

1-Cent-Stück: ________ Ball: ________

Ziegelstein: ________ Zelt: ________

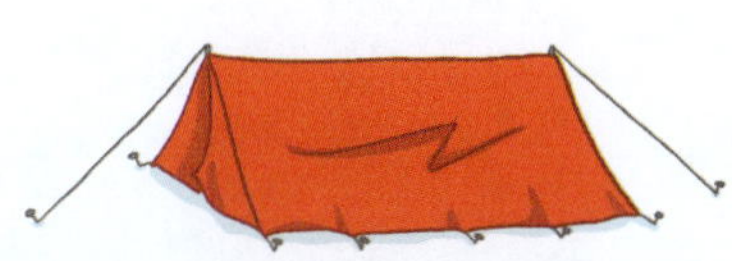

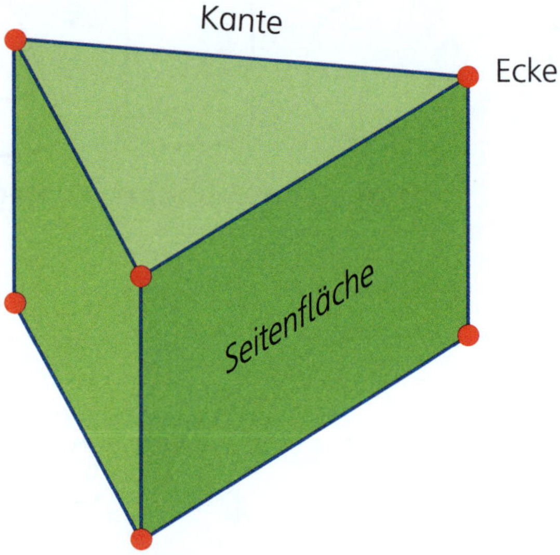

2 Seitenflächen treffen sich an einer Kante.

Kanten treffen sich in einer Ecke.

1 Schreibe die Steckbriefe zu Ende.

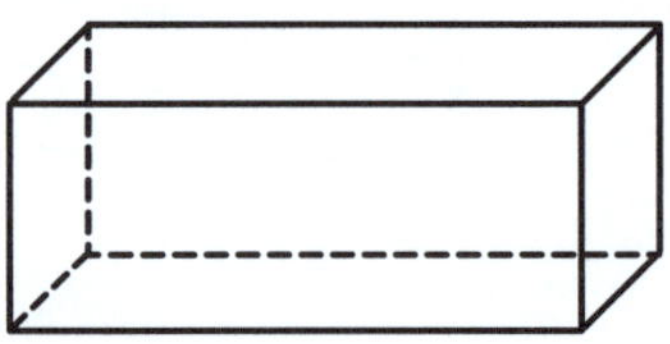

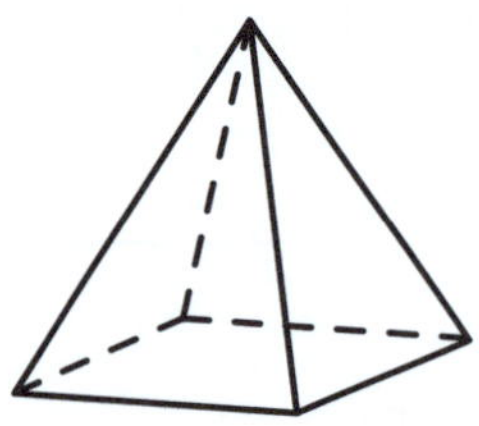

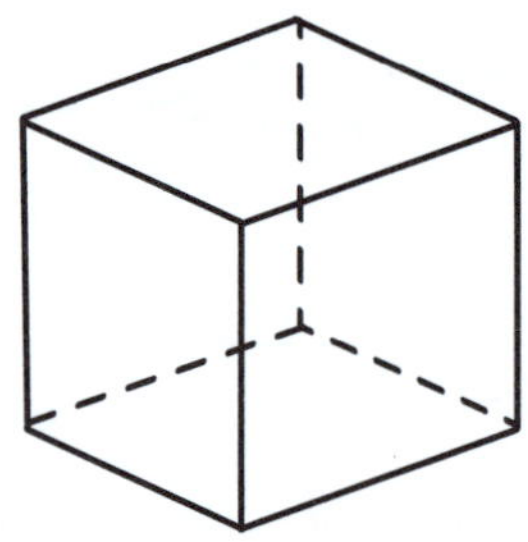

Name: ______

☐ Ecken

☐ Kanten

☐ Seitenflächen

Name: Pyramide

☐ Ecken

☐ Kanten

☐ Seitenflächen

2 Färbe die Ecken, Kanten und Seitenflächen in der angegebenen Farbe.

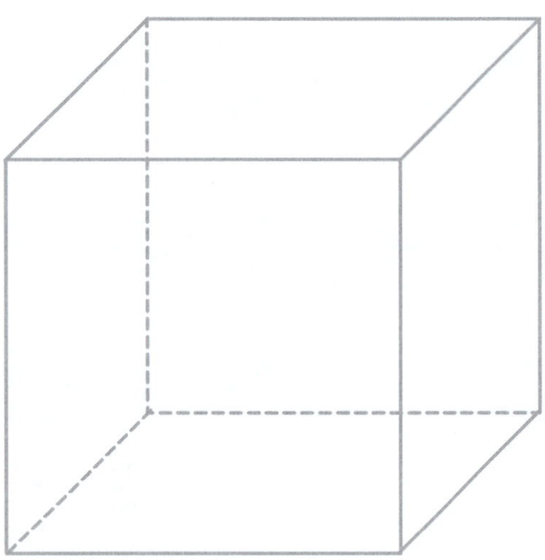

1. Färbe die rechte Seitenfläche gelb.
2. Färbe die hintere obere Kante rot.
3. Färbe die Ecken der gelben Seitenfläche blau.
4. Färbe die Kante unten links orange.
5. Färbe die obere vordere linke Ecke grün.
6. Färbe die Kanten, die sich in der grünen Ecke treffen, ebenfalls grün.

1 Rechne wie im Beispiel.

36 + 27 = 63
30 + 20 = 50
6 + 7 = 13

43 + 25 =

14 + 67 =

28 + 28 =

45 + 45 =

16 + 16 =

32
81
~~63~~
90
68
56

2 Rechne schneller. Jedes Ergebnis kommt zweimal vor.

36 + 27 = 63
30 + 20 = 50
6 + 7 = 13

28 + 18 =
30 / 16

31 + 21 =

58 + 36 =

37 + 36 =

27 + 25 =

54 + 19 =

25 + 69 =

12 + 34 =

3 Rechne im Kopf.

27 + 30 =	vierzig + 39 =	37 + fünfzig =
60 + 32 =	siebzig + 25 =	54 + dreißig =
41 + 20 =	zehn + 61 =	70 + zwölf =

4 Rechne im Kopf oder auf einem Notizzettel.

sechsunddreißig + 41 =

18 + achtundvierzig =

28 + 27 =

42 + 57 =

sechzehn + 17 =

siebenundzwanzig + siebzehn =

46 + einunddreißig =

1 Rechne die Kernaufgaben.

2 · 6 =	7 · 10 =	2 · 8 =
6 · 2 =	10 · 7 =	2 · 7 =
8 · 5 =	9 · 5 =	6 · 5 =
5 · 8 =	5 · 9 =	6 · 10 =
10 · 4 =	5 · 7 =	5 · 2 =
10 · 8 =	2 · 9 =	10 · 5 =

2 Rechne immer zuerst die Kernaufgabe.

5 · 8 =	5 · 6 =	10 · 7 =	10 · 6 =	5 · 6 =
6 · 8 =	6 · 6 =	9 · 7 =	9 · 6 =	4 · 6 =
5 · 4 =	5 · 7 =	10 · 4 =	10 · 8 =	5 · 8 =
6 · 4 =	6 · 7 =	9 · 4 =	9 · 8 =	4 · 8 =

3 Verbinde jede Aufgabe mit ihrem Doppelten. Rechne.

3 · 7 = 21	4 · 6 =	2 · 8 =	2 · 7 =
4 · 8 =	6 · 7 =	8 · 6 =	4 · 7 =

4 Rechne.

5 · 3 =	7 · 4 =	9 · 8 =	6 · 9 =	3 · 9 =
6 · 3 =	7 · 5 =	8 · 8 =	7 · 9 =	3 · 8 =
7 · 3 =	7 · 6 =	7 · 8 =	8 · 9 =	3 · 7 =

5 Setze die fehlenden Zahlen ein.

fünf · ☐ = 30	☐ · acht = 72	6 · ☐ = achtzehn
vier · ☐ = 20	☐ · sechs = 36	9 · ☐ = neunzig
drei · ☐ = 21	☐ · zehn = 80	2 · ☐ = achtzehn
zehn · ☐ = 60	☐ · sieben = 56	4 · ☐ = sechzehn

So spricht und schreibt man Zahlen:

1. Vom Wort zur Zahl
   sechshundertvierundzwanzig ⟶ 600 4 und 20 ⟶ 624

2. Von der Zahl zum Wort
   624 ⟶ 600 + 20 + 4 ⟶ sechshundertvierundzwanzig

1 Unterstreiche die Wortteile und schreibe die Zahl.

zweihundertachtundneunzig	⟶	200	8	und	90	⟶	
fünfhundertfünfundvierzig	⟶			und		⟶	
dreihundertsiebenunddreißig	⟶			und		⟶	
einhundertsechsundachtzig	⟶			und		⟶	
siebenhundertneunundsiebzig	⟶			und		⟶	

2 Zerlege die Zahl und schreibe das Zahlwort.

453	400	+	50	+	3	vierhundertdr
631		+		+		
346		+		+		
922		+		+		

3 Schreibe die passende Aufgabe und die Zahl.

dreihundert|zwölf	300	+	12	=	312
fünfhundertdreißig		+		=	
achthundertsieben		+		=	
sechshundertsechzehn		+		=	

4 Schreibe das Zahlwort.

740 __________

213 __________

567 __________

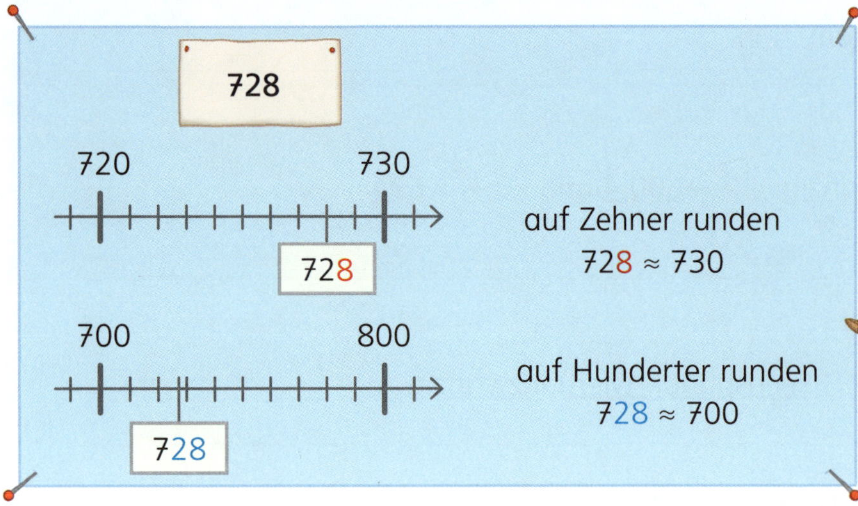

1 Trage die Nachbarzehner ein. Runde auf Zehner.

___ < 322 < ___
322 ≈ ___

___ < 165 < ___
165 ≈ ___

___ < 976 < ___
976 ≈ ___

___ < 925 < ___
925 ≈ ___

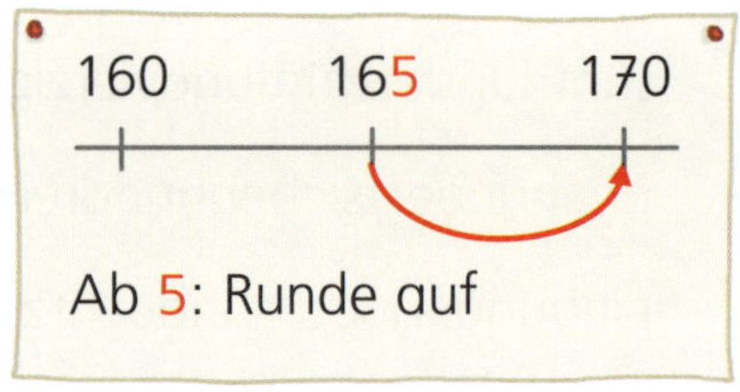

2 Trage die Nachbarhunderter ein. Runde auf Hunderter.

___ < 599 < ___
599 ≈ ___

___ < 250 < ___
250 ≈ ___

___ < 712 < ___
712 ≈ ___

___ < 127 < ___
127 ≈ ___

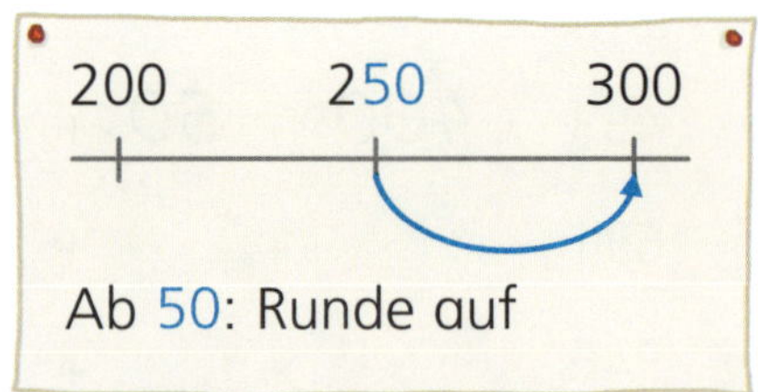

3 Runde auf Zehner.

323 ≈ ___ 138 ≈ ___
165 ≈ ___ 552 ≈ ___
459 ≈ ___ 985 ≈ ___

4 Runde auf Hunderter.

667 ≈ ___ 449 ≈ ___
371 ≈ ___ 450 ≈ ___
550 ≈ ___ 451 ≈ ___

5 Rechne den Überschlag. Runde dafür auf Hunderter.

427 + 196
Ü: ___ + ___ = ___

659 − 274
Ü: ___ − ___ = ___

604 + 385
Ü: ___ + ___ = ___

891 − 467
Ü: ___ − ___ = ___

Nachbaraufgaben bei **Plus**

624 + 299

1. 624 + 300 = 924
   ↓–1 ↓–1
2. 624 + 299 = 923

Nachbaraufgaben bei **Minus**

746 – 198

1. 746 – 200 = 546
   ↓–2 ↓+2
2. 746 – 198 = 548

1 Rechne. Beachte das Rechenzeichen.

571 + 200 =	346 + 300 =	668 – 300 =
571 + 199 =	346 + 299 =	668 – 298 =
926 – 500 =	286 + 600 =	914 – 400 =
926 – 499 =	286 + 598 =	914 – 399 =
149 + 100 =	716 – 700 =	399 + 499 =
149 + 98 =	716 – 698 =	399 + 500 =

2 Schreibe eine passende einfache Aufgabe. Rechne.

446 + 399 =	627 + 199 =	382 + 498 =
446 + 400 = 846	627 + =	382 + =
951 – 199 =	744 – 397 =	426 – 99 =
951 – =	744 – =	426 – =

3 Rechne die Aufgaben im Kopf. Beachte das Rechenzeichen.

173 + 499 =	428 – 199 =	961 – 399 =
672 + 99 =	229 + 398 =	562 + 197 =

5 **4** Rechne im Kopf. Schaue vorher Seite 5 an.

38 + 16 =	36 + 36 =	56 + 14 =
49 + 49 =	28 + 28 =	35 + 28 =

1 Wie viel Geld ist es? Rechne zusammen.

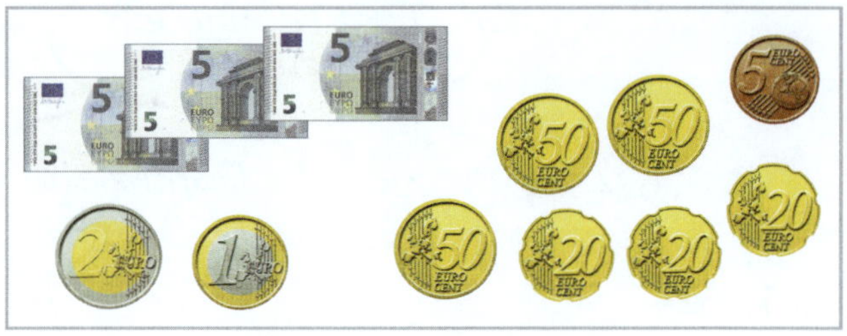

____ € ____ ct

____ € ____ ct

2 Welche Scheine und Münzen benötigst du, um den Betrag zu bezahlen? Kreise ein.

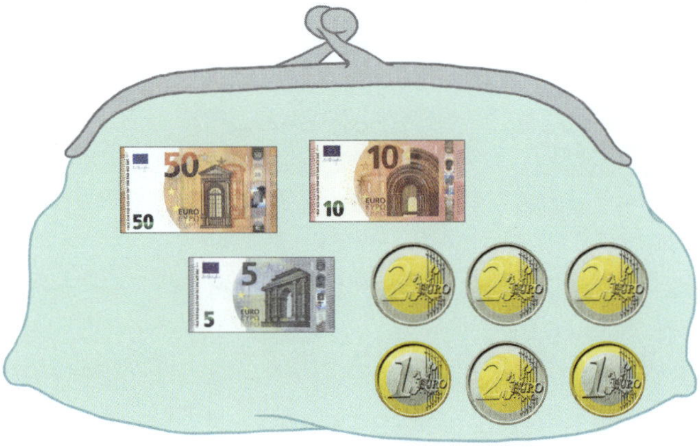

21 €

5 € 66 ct

3 Wie viel kostet es zusammen? Zeichne beide Geldbeträge und bestimme den Gesamtbetrag.

449 € 90 ct

Sonderangebot
66 € 66 ct

200 €

Insgesamt kostet der Einkauf ____.

347 + ___ = 400

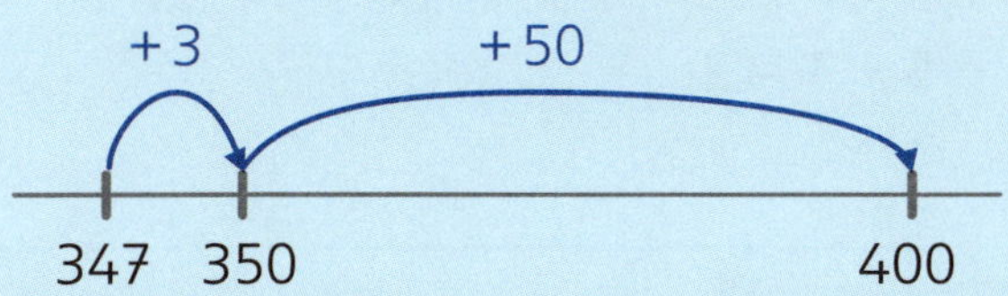

347 + <u>3</u> = 350
350 + <u>50</u> = 400
Also: 347 + <u>53</u> = 400

1 Rechne am Rechenstrich.

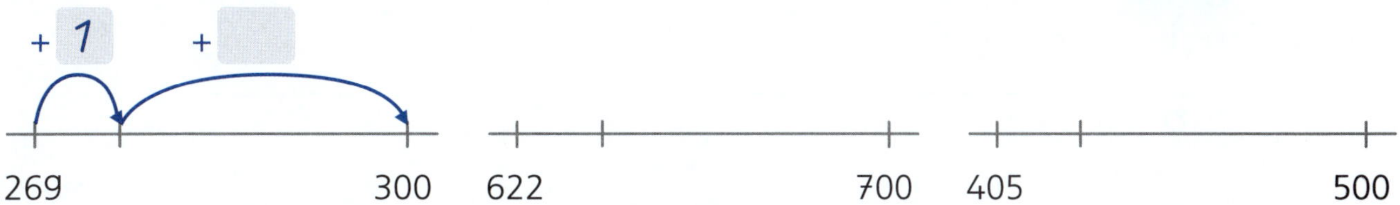

269 + ___ = 300 622 + ___ = 700 405 + ___ = 500

2 Ergänze zum nächsten Hunderter. Benutze einen Notizzettel.

684 + ___ = 700	443 + ___ = ___	978 + ___ = ___
321 + ___ = 400	56 + ___ = ___	173 + ___ = ___
716 + ___ = ___	297 + ___ = ___	535 + ___ = ___

3 Rechne mit Euro und Cent. Ergänze zu vollen Euros.

2 € 16 ct + *84 ct* = 3 €
2 € 16 ct + *4 ct* = 2 € 20 ct
2 € 20 ct + *80 ct* = 3 €

7 € 29 ct + ___ = 8 €
7 € 29 ct + ___ = 7 € 30 ct
7 € 30 ct + ___ = 8 €

11 € 51 ct + ___ = 12 €
11 € 51 ct + ___ = 11 € ___ ct
11 € ___ ct + ___ = 12 €

26 € 89 ct + ___ = 27 €
26 € 89 ct + ___ = ___
___ + ___ = 27 €

4 Ergänze zu vollen Euros.

6 € 63 ct + ___ = 7 €
4 € 48 ct + ___ = 5 €
30 € 1 ct + ___ = 31 €

5 Berechne das Rückgeld.

Florian kauft Walnüsse für 3 € 33 ct. Er bezahlt mit 4 €. Wie viel Geld bekommt er zurück?

A: Er bekommt ___ ct zurück.

	H	Z	E
	3	4	2
+	5	9	3
	1		
	9	3	5

So addierst du schriftlich:

1. Einer: 2 + 3 = 5, schreibe 5
2. Zehner: 4 + 9 = 13, schreibe 3, merke 1
3. Hunderter: 3 + 5 + 1 = 9, schreibe 9

1 Addiere schriftlich. Streiche gefundene Ergebnisse durch.

485 + 261 = 746	331 + 164	188 + 677	719 + 215	623 + 79
552 + 397	262 + 404	389 + 398	446 + 527	886 + 114

973, 495, 934, 787, ~~746~~, 666, 702, 949, 865, 1 000

2 Rechne zuerst den Überschlag. Addiere dann schriftlich.

526 + 394
Ü: ___ + ___ = ___
526 + 394

148 + 407
Ü: ___ + ___ = ___

286 + 97
Ü: ___ + ___ = ___

337 + 644
Ü: ___ + ___ = ___

106 + 832
Ü: ___ + ___ = ___

729 + 271
Ü: ___ + ___ = ___

3 Schreibe passende Plusaufgaben. Der Überschlag hilft dir.

248 + ___ = 700

___ + ___ = 650

___ + ___ = 975

321, 188, ~~248~~, 452, 787, 329

☐

	H	Z	E
	6	1	7
–	2	4	6
	1		
	3	7	1

So subtrahierst du schriftlich mit dem **Ergänzungsverfahren**:

1. Einer:	von 6 bis 7 ist 1	schreibe 1
2. Zehner:	von 4 bis 1 geht nicht.	
	von 4 bis 11 ist 7	schreibe 7, merke 1
3. Hunderter:	1 + 2 = 3, von 3 bis 6 ist 3	schreibe 3

☐

	H	Z	E
	5	10	
	~~6~~	1	7
–	2	4	6
	3	7	1

So subtrahierst du schriftlich mit dem **Abziehverfahren**:

1. Einer:	7 – 6 = 1	schreibe 1
2. Zehner:	1 – 4 geht nicht.	streiche 6, schreibe 5
	wechsle 1 H ⟶ 10 Z	schreibe 10 über die 1
	11 – 4 = 7	schreibe 7
3. Hunderter:	5 – 2 = 3	schreibe 3

1 Rechne.

617 – 246   951 – 424   289 – 113   821 – 266   704 – 333

H Z E   H Z E   H Z E   H Z E   H Z E

2 Rechne. Kontrolliere mit der schriftlichen Addition.

999 – 452   909 – 781   391 – 217   711 – 449   528 – 129

	5	4	7
+	4	5	2

\+   +   +   +

3 Rechne im Kopf oder schriftlich auf einem Notizzettel.

750 – 100 =	634 – 400 =	378 – 126 =
400 – 200 =	634 – 399 =	621 – 378 =
814 – 236 =	634 – 398 =	954 – 600 =

Hinweis für die Lehrkraft: Bitte kreuzen Sie das in der Schule verwendete Verfahren an und streichen Sie das andere Verfahren durch. Natürlich ist auch das bayerische Abziehverfahren zulässig.

1 Finde zu jedem Bild die passende Länge.

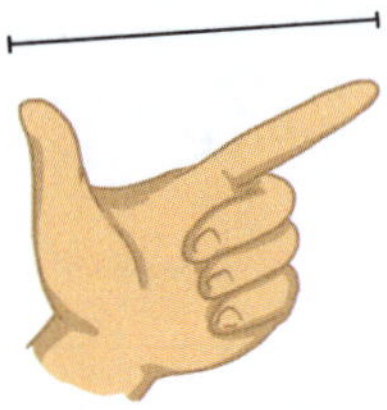

1 cm   10 cm   1 m   10 m   100 m

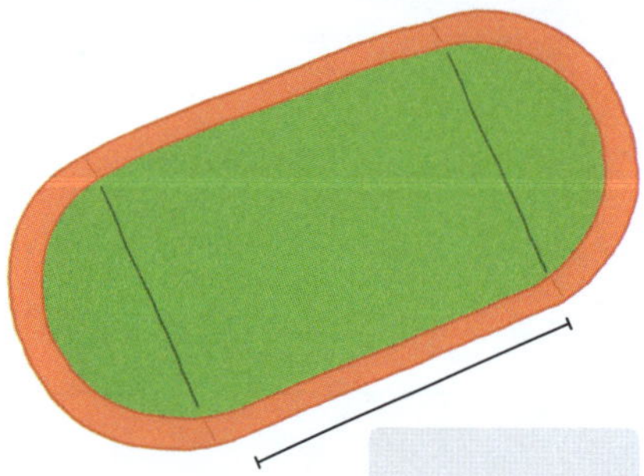

2 Wie groß sind die Gegenstände in der Wirklichkeit? Setze m oder cm ein.

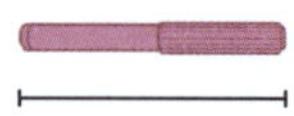

30 ________   2 ________   4 ________   17 ________   15 ________

3 Wie groß sind die Gegenstände? Setze m oder cm ein.

Auto: 5 ______   Taube: 30 ______   10-Euro-Schein: 13 ______   1-Cent-Münze: 2 ______

Handy: 14 ______   Lastwagen: 12 ______   Giraffe: 5 ______   Zug: 250 ______

8 4 Rechne den Überschlag. Runde dazu auf Hunderter.

740 + 176   555 + 407   350 + 97

Ü: ___ + ___ = ___   Ü: ___ + ___ = ___   Ü: ___ + ___ = ___

12 5 Rechne die Aufgaben aus Aufgabe 4 schriftlich.

1 Miss die Länge der Gegenstände mit dem Lineal.

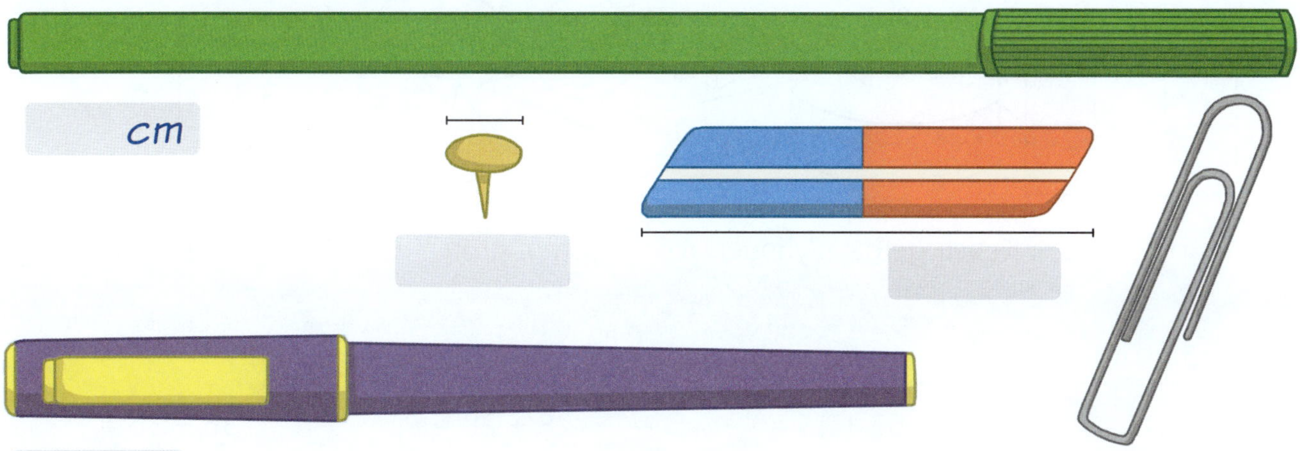

2 Wie lang sind die Gegenstände? Benutze deine Messergebnisse aus Aufgabe 1.

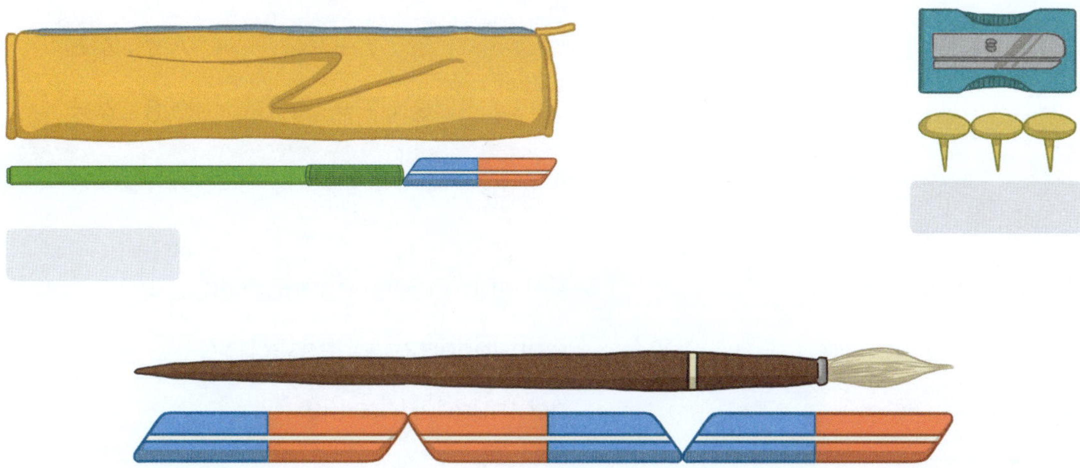

3 Wie viele Zentimeter sind es? Beachte, dass 1 m = 100 cm.

1 m = 100 cm

2 m = ___ cm

5 m = ___ cm

7 m = ___ cm

1 m 37 cm = 100 cm + ___ cm = ___ cm

6 m 48 cm = ___ cm + ___ cm = ___ cm

4 m 6 cm = ___ cm + ___ cm = ___ cm

9 m 11 cm = ___ cm + ___ cm = ___ cm

4 Schreibe immer auch in der anderen Schreibweise.

5 m 16 cm = ___ cm

___ m ___ cm = 378 cm

1 m 7 cm = ___ cm

___ m ___ cm = 449 cm

7 m 14 cm = ___ cm

___ m ___ cm = 888 cm

9 m 9 cm = ___ cm

___ m ___ cm = 405 cm

___ m ___ cm = 800 cm

1 Färbe die Körper entsprechend ein.

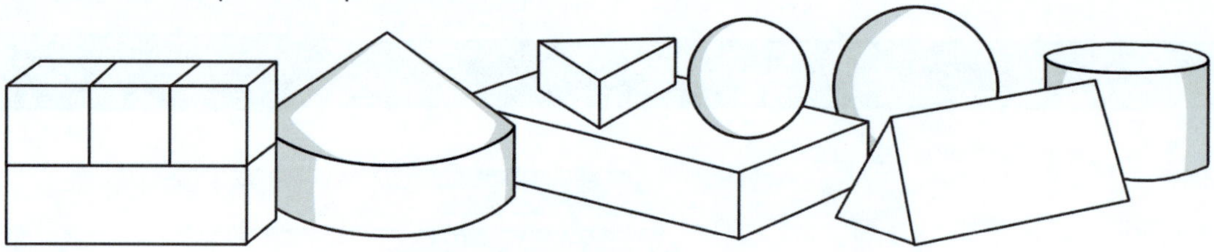

Würfel: blau Kegel: gelb Zylinder: rot Prisma: grün Quader: lila Kugel: orange

2 Rechne im Kopf.

49 + 36 =	57 + 15 =	28 + 28 =	36 + 36 =
24 + 53 =	36 + 34 =	14 + 14 =	24 + 24 =

3 Rechne.

9 · 5 =	5 · 6 =	10 · 8 =	4 · 7 =	4 · 4 =
2 · 7 =	6 · 2 =	9 · 8 =	8 · 7 =	8 · 4 =

4 Schreibe die Zahlen.

sechshunderteinundfünfzig	siebenhundertneunundsechzig
zweihundertsechsundzwanzig	einhundertzweiundsechzig
achthundertdreizehn	achthundertdreißig

5 Schreibe die Zahlwörter.

470 ______________________________

338 ______________________________

565 ______________________________

6 Runde die Zahlen auf Zehner.

537 ≈	225 ≈
849 ≈	698 ≈
371 ≈	222 ≈

7 Runde die Zahlen auf Hunderter.

537 ≈	250 ≈
849 ≈	799 ≈
371 ≈	404 ≈

8 Rechne den Überschlag. Runde dafür auf Hunderter.

737 – 341	486 + 397	234 + 358
Ü: ___ – ___ = ___	Ü: ___ + ___ = ___	Ü: ___ + ___ = ___

9 Ergänze die Sätze.

Ein Quader hat ☐ Seitenflächen und 12 ____________.

Ein Zylinder hat 2 ____________ und keine ____________.

Ein ____________ hat 6 quadratische Seitenflächen.

10 Ergänze zum nächsten Hunderter.

321 + ☐ = 400

605 + ☐ = ☐

546 + ☐ = ☐

11 Ergänze zu vollen Euros.

3 € 87 ct + ☐ ct = 4 €

12 € 2 ct + ☐ ct = 13 €

8 € 26 ct + ☐ ct = ☐ €

12 Addiere schriftlich. Streiche gefundene Ergebnisse durch.

	1	8	3
+	4	8	2

	7	2	4
+	1	3	5

	2	2	8
+	1	9	4

		7	4
+	3	2	7

	5	1	6
+	2	7	4

401 859 422 790 665

13 Subtrahiere schriftlich. Streiche gefundene Ergebnisse durch.

717 − 162   882 − 438   976 − 754   430 − 97   806 − 695

111 222 333 444 555

14 Rechne im Kopf oder schriftlich auf einem Notizzettel.

436 − 200 = ☐   924 − 500 = ☐   816 − 272 = ☐

436 + 200 = ☐   924 − 499 = ☐   400 + 523 = ☐

15 Wie groß sind die Gegenstände? Setze m oder cm ein.

Teller: 28 ____   Elefant: 4 ____   Tischtennisball: 4 ____

Lokomotive: 15 ____   Ameise: 1 ____   Fahrradreifen: 70 ____

16 Miss die Länge des Gegenstands mit dem Lineal.

 ☐

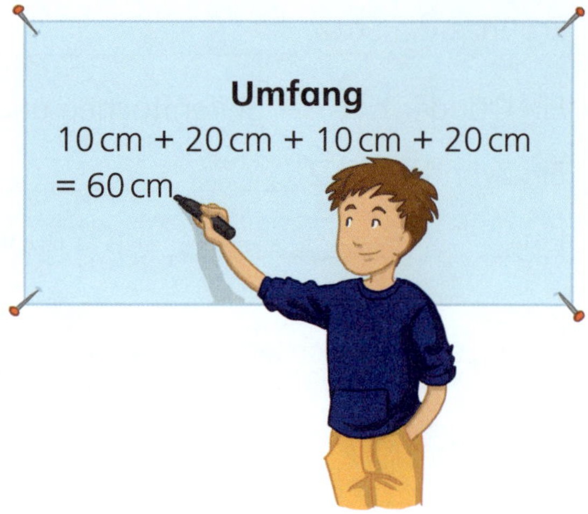

1 Fülle die Tabelle aus. Miss vorher die Seiten der Formen.

Form	Rechenaufgabe für den Umfang	Umfang
rotes Quadrat	2 cm + 2 cm +	8 cm
lila Rechteck		
	3 cm + 4 cm + 5 cm	
		16 cm
		18 cm

2 Wie lang ist der Zaun? Rechne auf einem Notizzettel.

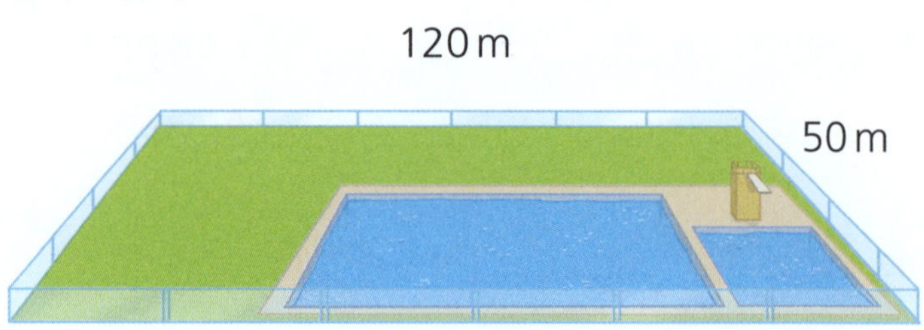

Der Zaun ist ______ lang.

Der Zaun ist ______ lang.

Größe der Kinder in meiner Klasse in cm:
134, 160, 141, 146, 153, 156, 141, 144, 151, 128, 133, 162, 159, 151, 139, 138, 146, 131, 140, 149, 152, 148, 138, 155

In einer **Urliste** sind alle Werte ungeordnet aufgeführt.

Größe in cm	Anzahl
120 bis 129	|
130 bis 139	卌 |
140 bis 149	卌 |||
150 bis 159	卌 ||
160 bis 169	||

Strichliste: Alle Werte der Urliste werden sortiert und mit Strichen eingetragen.

Größe in cm	Anzahl
120 bis 129	*1*
130 bis 139	*6*
140 bis 149	*8*
150 bis 159	*7*
160 bis 169	*2*

Tabelle: Die Striche werden gezählt und die Zahlen notiert.

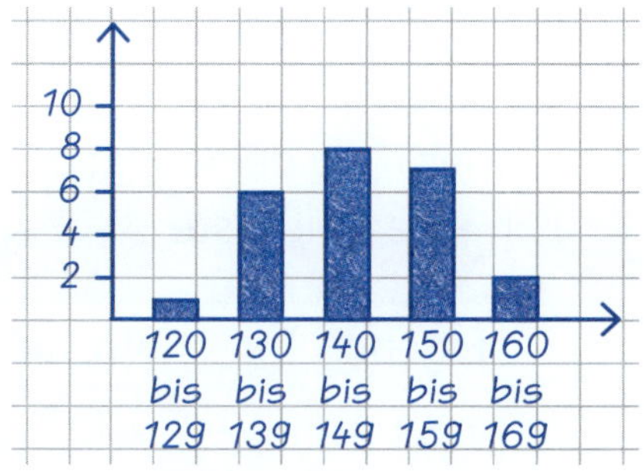

Diagramm: Die Zahlen aus der Tabelle werden als Länge von Balken eingetragen.

1 In einem Sportquiz haben die Kinder der Klasse 5c folgende Punktzahlen erreicht:

24, 40, 38, 42, 49, 31, 36, 51, 36, 41, 43, 21, 30, 32, 56, 55, 34, 29, 36, 49, 36, 23

a) Erstelle aus den Werten der Urliste eine Strichliste.

Punktezahl	Anzahl
20 bis 29	
30 bis 39	
40 bis 49	
50 bis 59	

b) Erstelle aus der Strichliste eine Tabelle mit den Ergebnissen.

Punktezahl	Anzahl

c) Zeichne ein Diagramm mit den Werten aus der Tabelle.

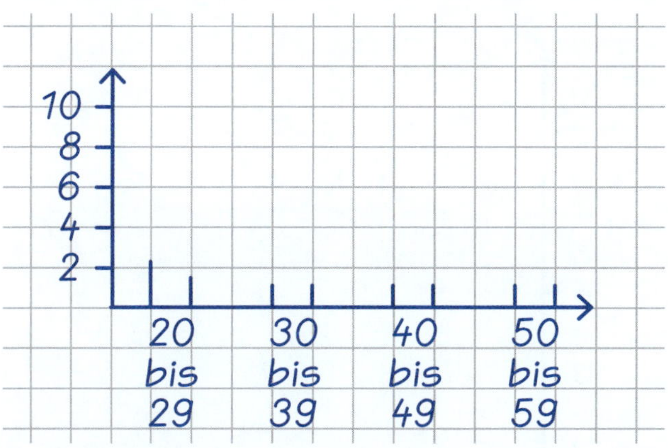

1 Würfle gleichzeitig mit 2 Würfeln. Schreibe auf, wie viele Punkte beide zusammen zeigen. Würfle 30-mal und schreibe die Ergebnisse in eine Urliste.

2 Übertrage deine Ergebnisse aus Aufgabe 1 in eine Strichliste.

Ergebnis	Anzahl
1 bis 2	
3 bis 4	
5 bis 6	
7 bis 8	
9 bis 10	
11 bis 12	

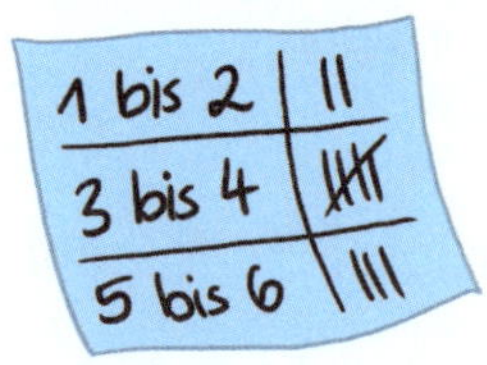

3 Übertrage die Strichliste aus Aufgabe 2 in eine Tabelle.

Ergebnis	Anzahl
1 bis 2	
3 bis 4	
5 bis 6	
7 bis 8	
9 bis 10	
11 bis 12	

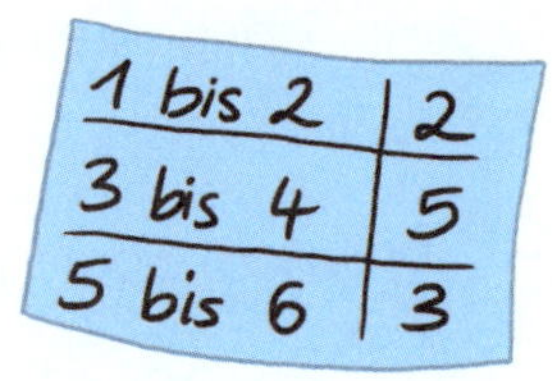

4 Nimm vier 1-Cent-Münzen und wirf sie auf eine Unterlage. Wie viele Zahlen liegen oben? Wiederhole das Experiment 20-mal. Halte deine Ergebnisse in einer Strichliste fest.

Zahl oben	Anzahl
0 Zahlen	
1 Zahl	
2 Zahlen	
3 Zahlen	
4 Zahlen	

5 Übertrage die Strichliste aus Aufgabe 4 in eine Tabelle.

Zahl oben	Anzahl
0 Zahlen	
1 Zahl	
2 Zahlen	
3 Zahlen	
4 Zahlen	

6 Zeichne ein Diagramm mit den Werten aus der Tabelle in Aufgabe 5.

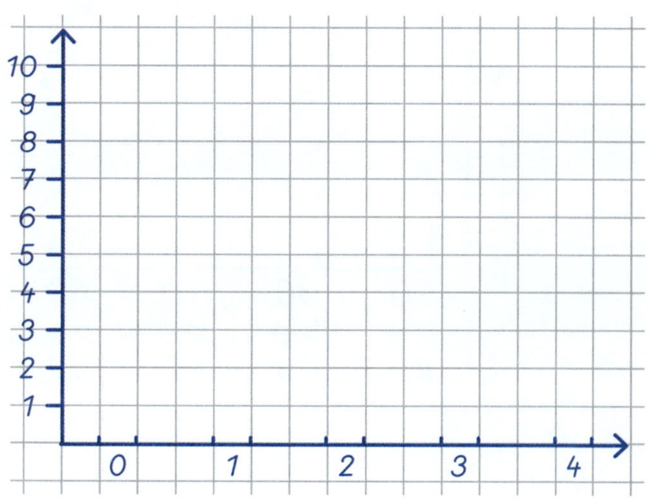

Tausenderbereich

412 830 →

M	HT	ZT	T	H	Z	E
	4	1	2	8	3	0

So sprichst du die Zahl:
412 Tausend 830

vierhundertzwölftausendachthundertdreißig

1 Wie heißen die Zahlen? Trage sie auch in die Stellenwerttabelle ein.

20 001

M	HT	ZT	T	H	Z	E
		2	0	0	0	1

20 Tausend 1 ______________________

436 029

M	HT	ZT	T	H	Z	E

____

999 997

M	HT	ZT	T	H	Z	E

____

5 442

M	HT	ZT	T	H	Z	E

____

2 Schreibe die Zahlen auf.

vierundfünfzigtausenddreiundsiebzig ______

sechshundertsechsundneunzigtausendsiebenhundert ______

dreihunderttausenddreihundert ______

einhundertzweiundvierzigtausendfünfundzwanzig ______

3 Schreibe als Zahlwort. Die Stellenwerttabelle kann dir helfen.

78 060 ______________________

101 010 ______________________

300 607 ______________________

90 099 ______________________

4 Rechne. Denke an die Stellenwerttabelle.

zweihunderttausend + siebzigtausend = ______

neunzig + achttausend = ______

sechzigtausend + dreitausend = ______

Zahlen runden

1. Unterstreiche die Stelle, auf die gerundet wird.
2. Betrachte die Stelle rechts daneben.

Runde ab bei 0, 1, 2, 3, 4.
Runde auf bei 5, 6, 7, 8, 9.

Runde 28 346 auf Hunderter.

ZT	T	H	Z	E
2	8	3	(4)	6

28 346 ≈ 28 300
(abgerundet)

Runde 45 572 auf Tausender.

ZT	T	H	Z	E
4	5	(5)	7	2

45 572 ≈ 46 000
(aufgerundet)

1 Unterstreiche die Stelle, auf die gerundet wird. Runde dann.

a) Runde auf Hunderter.

7 596 ≈ ____
36 850 ≈ ____

b) Runde auf Tausender.

26 433 ≈ ____
699 982 ≈ ____

c) Runde auf Zehner.

4 555 ≈ ____
81 004 ≈ ____

d) Runde auf Hunderttausender.

264 335 ≈ ____
729 938 ≈ ____

e) Runde auf Zehntausender.

278 804 ≈ ____
705 009 ≈ ____

640 · 10

600 · 10 = 6 000
40 · 10 = 400
640 · 10 = 6 400

T	H	Z	E
	6	4	0
6	4	0	0

(· 10)

370 · 100

300 · 100 = 30 000
70 · 100 = 7 000
370 · 100 = 37 000

ZT	T	H	Z	E
		3	7	0
3	7	0	0	0

(· 100)

2 Rechne.

92 · 10 = ____
21 · 10 = ____
640 · 10 = ____

204 · 100 = ____
73 · 100 = ____
720 · 100 = ____

3 Schreibe das Ergebnis als Zahl.

a) immer · 10

neunhundert → ____
viertausend → ____
siebzehn → ____

b) immer · 100

vierundzwanzig → ____
sechstausend → ____
zweihundertzwölf → ____

1 Rechne den Überschlag. Runde die Zahlen auf Tausender.

6 324 – 2 570
Ü: 6 000 – ___ = ___

23 976 + 44 402
Ü: ___ + ___ = ___

8 516 + 8 127
Ü: ___ + ___ = ___

60 329 – 24 017
Ü: ___ – ___ = ___

2 Rechne 3 Plusaufgaben, die ein Ergebnis zwischen 60 000 und 80 000 haben.
Benutze die Zahlen im Kasten. Der Überschlag hilft dir.

+ ___ + ___ + ___

13 412, 33 509, 40 073, 49 429, 24 239, 63 520, 50 704

3 Rechne wie das Kind im Bild.

20 · 7 000 = ___

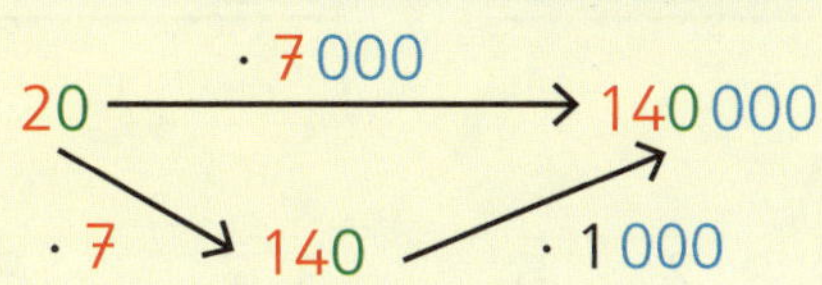

40 · 300 = ___
30 · 900 = ___
200 · 400 = ___

60 · 700 = ___
900 · 20 = ___
900 · 200 = ___

20 000 · 30 = ___
6 000 · 50 = ___
5 000 · 20 = ___

4 Rechne den Überschlag.

2 631 · 42
Ü: 3 000 · 40 = 120 000

525 · 79
Ü: ___ · ___ = ___

34 · 6 904
Ü: ___ · ___ = ___

446 · 168
Ü: ___ · ___ = ___

894 · 770
Ü: ___ · ___ = ___

32 · 677
Ü: ___ · ___ = ___

5 Streiche die beiden Zahlen durch, die kein Ergebnis aus Aufgabe 4 sind.

21 664, 41 475, 404 368, 74 928, 688 380, 4 592, 234 736

3 · 2 694 oder 2 694 · 3

	2	6	9	4
	2	6	9	4
+	2	6	9	4
	2	2	1	
	8	0	8	2

3 · 4 = 12	2 schreiben, 1 merken
3 · 9 + 1 = 28	8 schreiben, 2 merken
3 · 6 + 2 = 20	0 schreiben, 2 merken
3 · 2 + 2 = 8	8 schreiben

Kürzer geht es mit der schriftlichen Multiplikation.
Du rechnest dabei die gleichen Schritte wie oben:

2	6	9	4	·	3
8	0	8	2		

1 Multipliziere schriftlich.

356 · 2   5 562 · 2   157 · 3

234 · 4   1 792 · 5   824 · 3

287 · 9   6 682 · 6   375 · 8

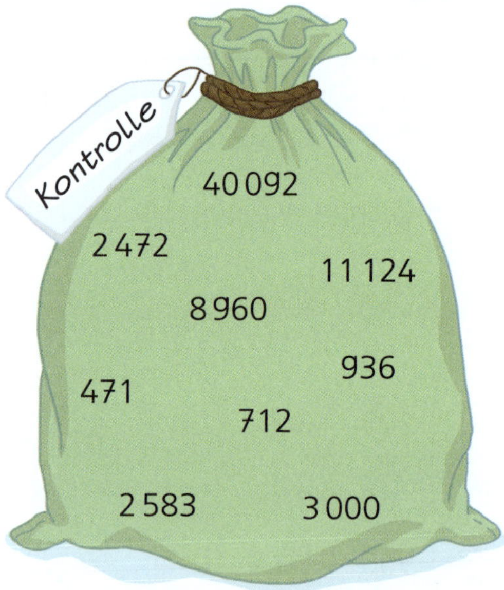

So multiplizierst du schriftlich mit größeren Zahlen:

2	6	3	4	·	3	2
		8	0	8	2	0
			5	2	6	8
			1			
		8	6	0	8	8

1. 2634 · 30 = 80820

2. 2634 · 2 = 5268

2 Multipliziere schriftlich. Rechne auch den Überschlag.

356 · 14
Ü: 400 · 10 = ___

356 · 14

2 485 · 25
Ü: ___ · ___ = ___

	9 3 6 : 4 = 2 3 4	9 3 6 : 4 = 2 3 4	9 : 4 geht nicht
	8 0 0 : 4 = 2 0 0	8	8 : 4 = 2
übrig:	1 3 6	1 3	9 − 8 = 1
	1 2 0 : 4 = 3 0	1 2	13 : 4 geht nicht
übrig:	1 6	1 6	12 : 4 = 3
	1 6 : 4 = 4	1 6	13 − 12 = 1
übrig:	0	0	16 : 4 = 4
			16 − 16 = 0

1 Rechne mit der schriftlichen Division. Ergänze die fehlenden Zahlen.

471 : 3 = 1__
3
17
…
0

3255 : 7 = 4__
28
…
0

2552 : 4 = ___
…
0

675 : 5 = ___
…
0

6528 : 8 = ___
…
0

4002 : 6 = ___
…
0

465	135	667	157	816	638

2 Dividiere schriftlich. Kontrolliere mit der schriftlichen Multiplikation.

2931 : 3 = ___
…
0
K: ___ · 3

6561 : 9 = ___
…
0
K: ___ · 9

4752 : 2 = ___
…
0
K: ____ · 2

Punkte sind festgelegte Stellen auf dem Blatt Papier. Sie werden mit großen Buchstaben benannt.

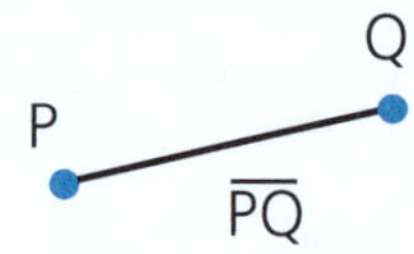

Strecken sind gerade Verbindungen zwischen zwei Punkten. Man bezeichnet sie durch Angabe der Endpunkte mit einem Querbalken.

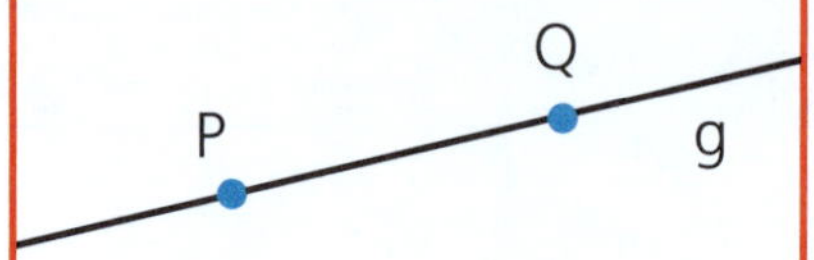

Geraden sind unendlich lang verlängerte Strecken. Sie werden mit kleinen Buchstaben benannt.

1 Schreibe die Bezeichnungen für die Strecken und Geraden in die Zeichnungen.

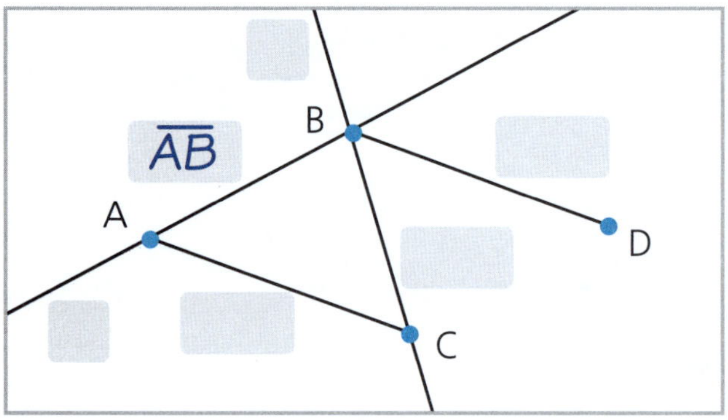

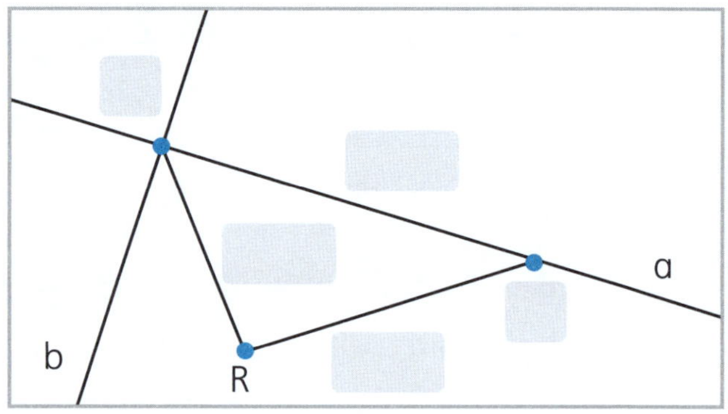

Die Gerade g verläuft durch A und B.
Die andere Gerade heißt h.

P liegt auf a und b.
Q liegt auf a.

2 Schreibe die Bezeichnungen für die Geraden und Strecken in die Zeichnung.

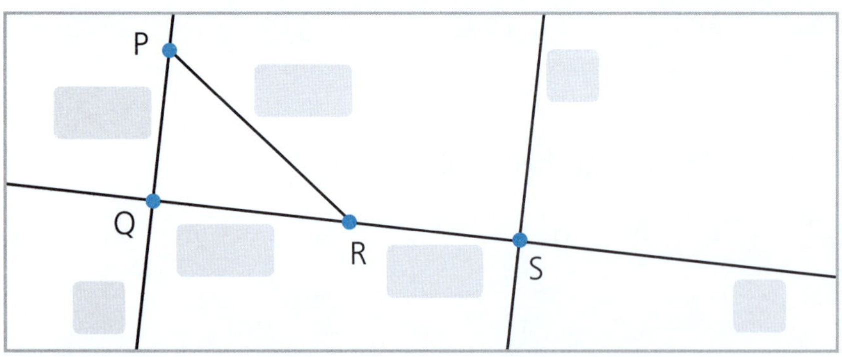

Die Gerade g verläuft durch P.
Die Gerade i ist parallel zu g.
Die Gerade h ist senkrecht zu g.

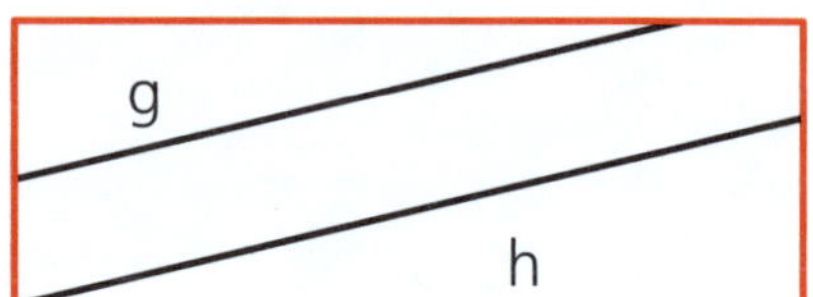

Die Geraden g und h sind parallel zueinander.

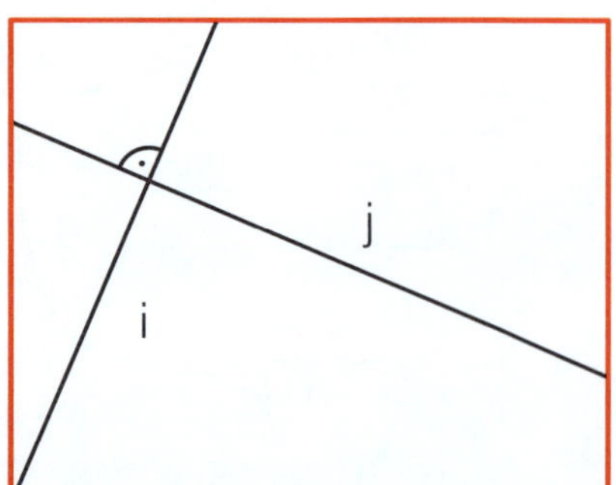

Die Geraden i und j stehen senkrecht aufeinander.

3 Zeichne in die Zeichnung von Aufgabe 2 eine Gerade m ein, die parallel zu i ist und den Punkt R enthält.
Benutze dein Geodreieck.

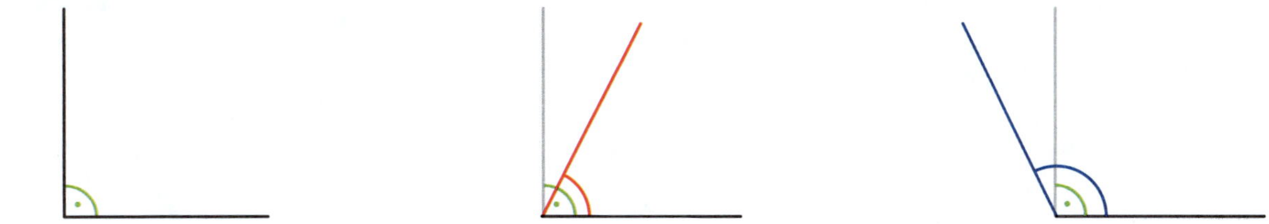

Dies ist ein rechter Winkel.

Ein spitzer Winkel ist kleiner als ein rechter Winkel.

Ein stumpfer Winkel ist größer als ein rechter Winkel.

1 Markiere alle rechten Winkel grün (∟), alle spitzen Winkel rot (∠) und alle stumpfen Winkel blau (∠).

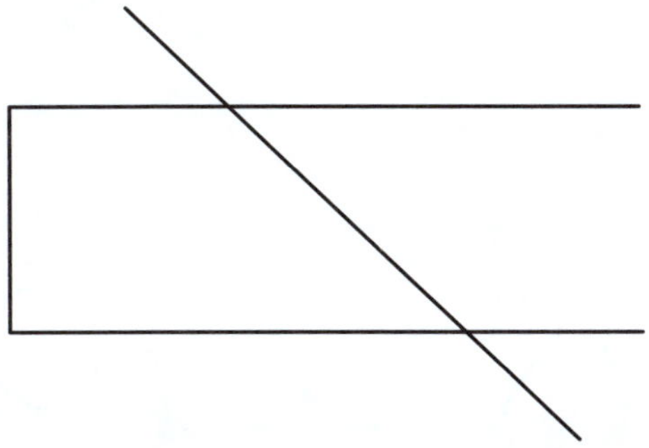

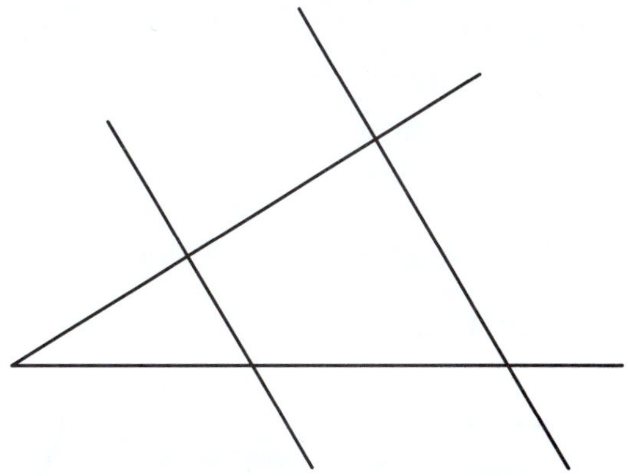

Dreiecksarten unterscheidet man anhand ihrer Winkel.

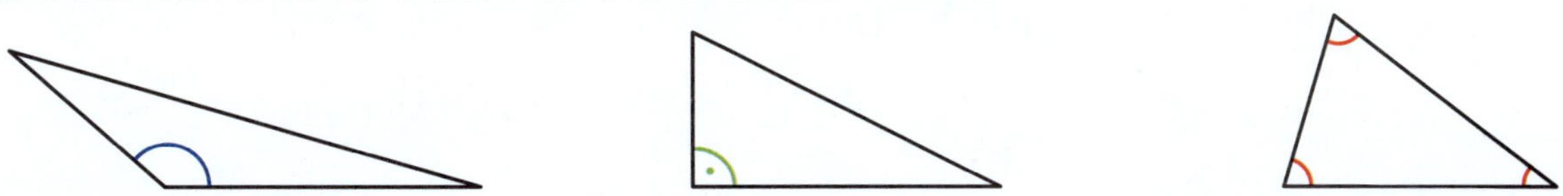

Ein stumpfwinkliges Dreieck besitzt einen stumpfen Winkel.

Ein rechtwinkliges Dreieck besitzt einen rechten Winkel.

Ein spitzwinkliges Dreieck besitzt nur spitze Winkel.

2 Färbe stumpfwinklige Dreiecke blau ein, spitzwinklige Dreiecke rot und rechtwinklige Dreiecke grün.

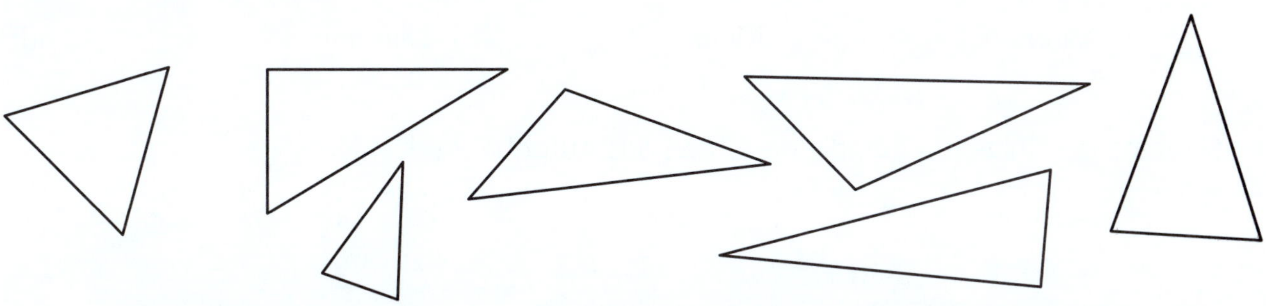

24 3 Multipliziere schriftlich.

142857 · 3

142857 · 5

142857 · 6

Der kurze Uhrzeiger gibt an, zwischen welchen vollen Stunden die Uhrzeit ist. Hier ist es nach 4 Uhr und vor 5 Uhr **oder** nach 16 Uhr und vor 17 Uhr.

Der lange Uhrzeiger gibt an, wie viele Minuten seit der letzten vollen Stunde vergangen sind. Hier sind das 36 Minuten.

Die Uhr zeigt an, dass es 36 Minuten nach 4 Uhr oder 36 Minuten nach 16 Uhr ist. Es ist also 4.36 Uhr oder 16.36 Uhr.

1 Zwischen welchen vollen Stunden liegt die Uhrzeit? Beachte die Tageszeit.

nach ___ Uhr
vor ___ Uhr

nach ___ Uhr
vor ___ Uhr

nach ___ Uhr
vor ___ Uhr

nach ___ Uhr
vor ___ Uhr

2 Wie viele Minuten sind seit der letzten vollen Stunde vergangen?

___ Minuten

___ Minuten

___ Minuten

___ Minuten

3 Schreibe die Uhrzeiten auf, die die Uhren aus Aufgabe 2 anzeigen.

___ Uhr ___ Uhr ___ Uhr ___ Uhr

4 Zeichne die Uhrzeiger ein.

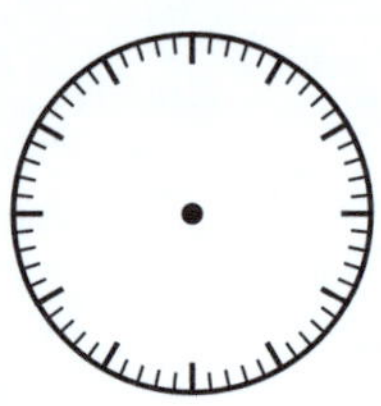

6.39 Uhr

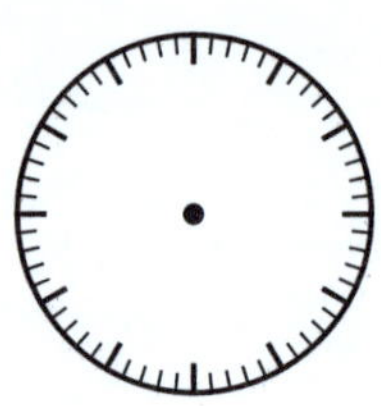

23.47 Uhr

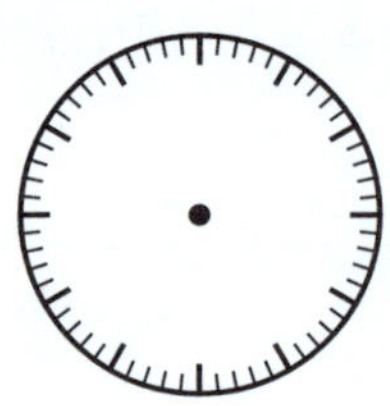

11.36 Uhr

Wie lange dauert es von 8.35 Uhr bis 12.20 Uhr?

8.35 —(+ 25 min)→ 9.00 —(+ 3 h)→ 12.00 —(+ 20 min)→ 12.20

oder

8.35 —(+ 3 h)→ 11.35 —(+ 25 min)→ 12.00 —(+ 20 min)→ 12.20

3 h + 25 min + 20 min = 3 h 45 min. Es dauert 3 h 45 min.

1 Wie lange dauert es?

Von 13.55 bis 18.25 dauert es ___ h ___ min.

13.55 —(+ ___)→ ___ —(+ ___)→ ___ —(+ ___)→ 18.25

Von 8.05 bis 15.30 dauert es ___ h ___ min.

8.05 —(+ ___)→ ___ —(+ ___)→

2 Berechne den Endzeitpunkt.

Start: 12.40 Uhr
Dauer: 2 h 25 min
Ende: ___ Uhr

12.40 —(+ 2 h)→ ___ —(+ 25 min)→ ___

Start: 17.30 Uhr
Dauer: 1 h 45 min
Ende: ___ Uhr

___ —(+ ___)→ ___ —(+ ___)→ ___

Start: 6.22 Uhr
Dauer: 6 h 18 min
Ende: ___ Uhr

___ —(+ ___)→ ___ —(+ ___)→ ___

3 Das Eishockeyspiel begann um 19.15 Uhr und endete um 21.05 Uhr. Wie lange dauerte es?

Es dauerte ___ h ___ min.

18 **1** Fülle die Tabelle aus. Miss vorher die Seiten der Formen.

Form	Rechenaufgabe für den Umfang	Umfang
gelbes Rechteck		
oranges Dreieck		

19 **2** So viele Haustiere haben die Kinder der Klasse 5a.
Übertrage die Strichliste in eine Tabelle und zeichne das Diagramm.

Haustiere	Kinder
0	~~IIII~~ II
1	~~IIII~~ ~~IIII~~
2	~~IIII~~ I
3	IIII

→

Haustiere	Kinder

→

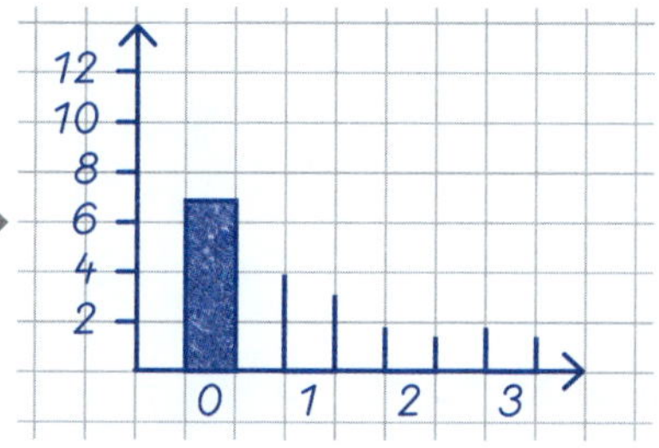

21 **3** Wie heißen die Zahlen? Trage sie auch in die Stellenwerttabelle ein.

120 049

M	HT	ZT	T	H	Z	E

74 111

M	HT	ZT	T	H	Z	E

21 **4** Schreibe die Zahlen auf.

fünfhundertviertausenddreihundertachtundachtzig

sechsundneunzigtausendachthundertvierzig

neunhundertelftausendeinhundertneunzehn

22 **5** Unterstreiche zuerst die Stelle, auf die gerundet wird.

a) Runde auf Tausender.

8 421 ≈

11 961 ≈

44 500 ≈

b) Runde auf Hunderter.

24 663 ≈

38 551 ≈

9 842 ≈

22 **6** Rechne.

173 · 10 =

26 · 100 =

274 · 100 =

147 · 10 =

23 **7** Rechne den Überschlag. Runde die Zahlen auf Tausender.

26381 – 14944

Ü: ___ – ___ = ___

74465 + 25827

Ü: ___ + ___ = ___

24 **8** Multipliziere schriftlich.

4 8 4 6 · 5

4 5 1 · 9

7 3 3 · 3 2

6 6 2 · 6 9

25 **9** Dividiere schriftlich.

2 3 4 5 : 5 = ___ (Rest: 0)

3 4 5 6 : 4 = ___ (Rest: 0)

1 9 9 8 : 3 = ___ (Rest: 0)

27 **10** Markiere rechte Winkel ∟, spitze Winkel ∠ und stumpfe Winkel.

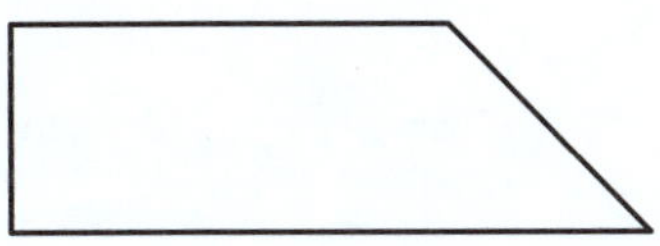

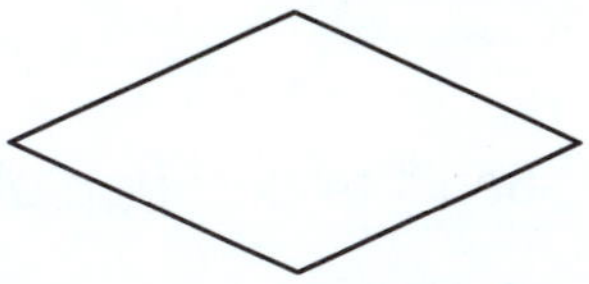

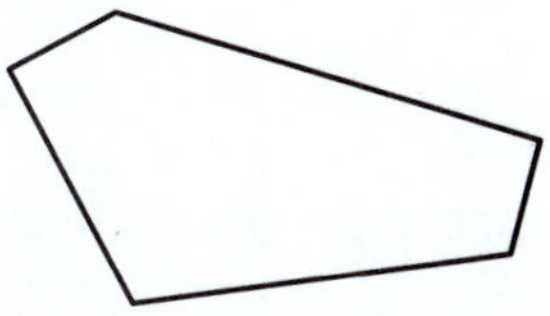

28 **11** Schreibe die Uhrzeit auf oder zeichne die Zeiger ein.

___ Uhr

___ Uhr

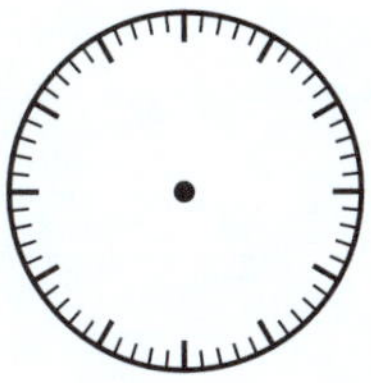

6.42 Uhr

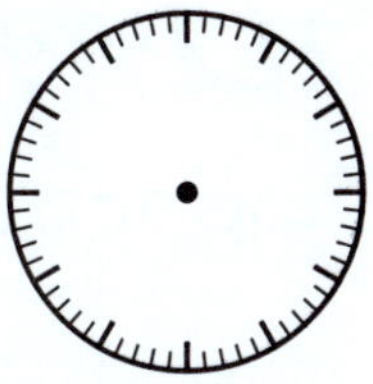

23.05 Uhr

29 **12** Wie lange dauert es von 9.30 Uhr bis 17.10 Uhr?

9.30 —(+ ___)→ ___ —(+ ___)→ ___ —(+ ___)→ 17.10

Von 9.30 Uhr bis 17.10 Uhr dauert es ___ h ___ min.

Billiarden			Billionen			Milliarden			Millionen			Tausender					
Brd			Bio			Mrd			Mio			HT	ZT	T	H	Z	E
				2	6	0	3	3	1	0	4	7	3	8	9	1	1

Die Zahl heißt 26 Billionen 33 Milliarden 104 Millionen 738 Tausend 911.

1 Trage die Zahlen in die Stellenwerttabelle ein.

	Bio			Mrd			Mio			HT	ZT	T	H	Z	E
6 Millionen 24 Tausend 300									6	0	2	4	3	0	0
27 Milliarden 350 Millionen 400 Tausend															
8 Billionen 336 Tausend 954															
8 Millionen 336 Tausend 954															
8 Billionen 336 Milliarden 954 Millionen															

Tipp: Setze bei großen Zahlen zuerst von rechts aus alle 3 Ziffern einen kleinen Punkt. Schreibe dann T, Mio, Mrd, Bio, Brd … unter die Ziffernpäckchen.

Beispiel: 2.034.338.400.000 → *2 Billionen 34 Milliarden 338 Millionen 400 Tausend*
Bio Mrd Mio T

2 Schreibe auf, wie die Zahl heißt. Beachte den Tipp oben.

99.425.379.000 *99 Milliarden* ____________________

1000900425000000 ____________________

26257920 ____________________

788265423 ____________________

100000555555001 ____________________

3 Schreibe die Zahl.

siebenundzwanzig Milliarden zweihunderteinundfünfzig ____________________

drei Billionen vierhundertzwanzig Milliarden zwölf ____________________

einhundertelf Billionen einhundertelf Millionen ____________________

vierhundertneunundvierzigtausendsechshundert ____________________

3

Wie heißen die Körper?

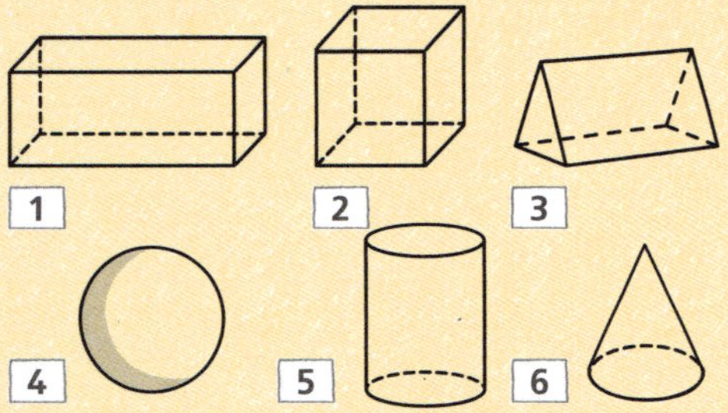

4

Wie heißt der Körper?

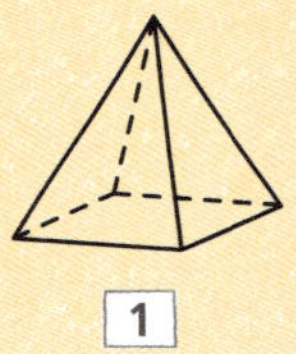

Wie heißen die Teile eines Körpers?

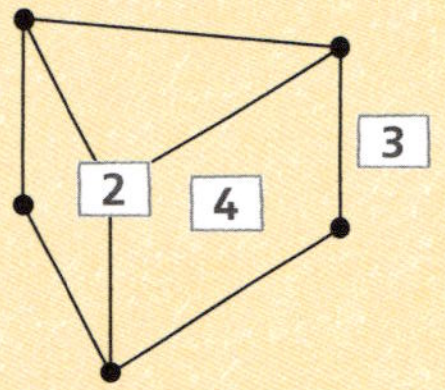

8

1. Was bedeutet „Runden“?
2. Runde die Zahl 728 auf Zehner.
3. Runde die Zahl 728 auf Hunderter.
4. Was bedeutet „Überschlag“?

14

1. Wie lang ist ein Fußballfeld?
2. Wie breit ist ein Finger?
3. Wie lang ist ein großes Wohnmobil?
4. Wie lang ist die Spanne vom Daumen bis zum Zeigefinger?
5. Wie breit ist eine Tür?

18

1. Was bedeutet „Umfang“?
2. Wie berechnet man den Umfang von einem Rechteck, das 20 cm lang und 10 cm breit ist?

19

1. Wie heißt eine Liste, in der alle Werte ungeordnet aufgeführt werden?
2. Wie heißt diese Darstellungsform?

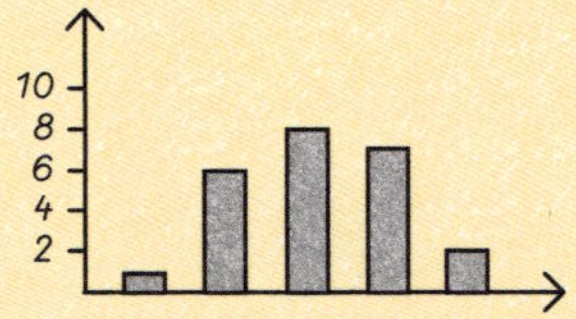

22

1. Wie rundet man Zahlen?
2. Runde die Zahl 25 378 auf Tausender.
3. Runde die Zahl 392 416 auf Hunderttausender.

26

Wie lauten die Fachbegriffe?

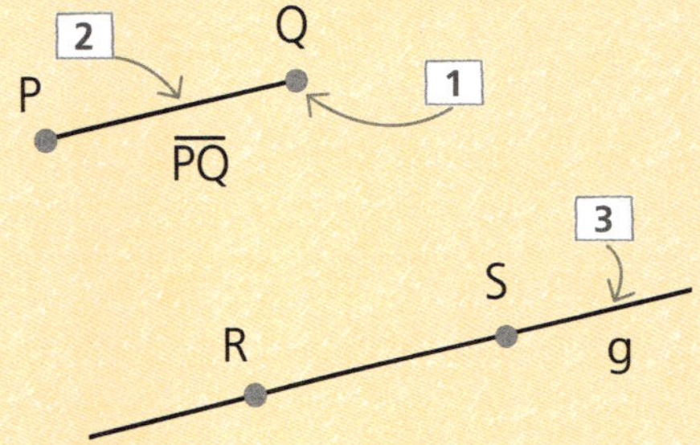

27

1. Was ist ein rechter Winkel?
2. Was ist ein spitzer Winkel?
3. Was ist ein stumpfer Winkel?

27

Welche Dreiecksarten kann man anhand ihrer Winkel unterscheiden?

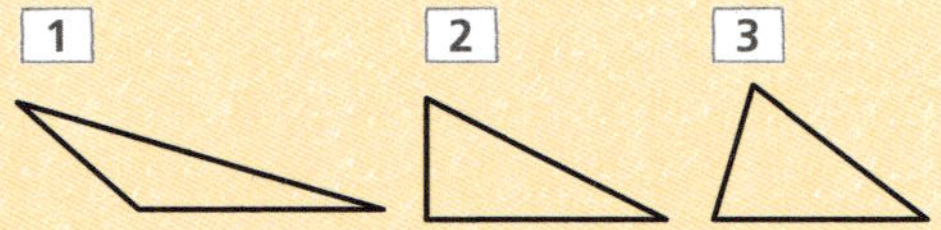

35

1. Wie heißt ein Quadrat mit 1 cm Kantenlänge?

2. Was bedeutet „Flächenmaß“?
3. Wie spricht man „cm^2“ aus?

36

1. Es gibt einen weiteren Begriff für „Flächenmaß“. Wie heißt er?
2. Was ist ein Quadratmeter?
3. Wie viele Quadratzentimeter hat ein Quadratmeter?

37

1. Wie viele Tage dauert eine Woche?
2. Wie viele Tage dauert ein Monat?
3. Wie viele Tage dauert ein Jahr?
4. Wie viele Monate hat ein Jahr?

38

1. Mit welchen Maßeinheiten wird das Fassungsvermögen gemessen?
2. Wie viel Wasser passt in einen großen Eimer?
3. Wie viel Wasser passt in ein Trinkglas?

39

1. Wie viel wiegt eine Packung Mehl?
2. Wie viel wiegt ein kleines Auto?
3. Wie viel wiegt eine Tafel Schokolade?
4. Wie viel wiegen 2 Büroklammern?
5. Wie viel wiegt ein voller Eimer Wasser?

42

1. Beschreibe, was die Rechenregel „Punkt vor Strich“ bedeutet.
2. Rechne die Aufgabe $6 \cdot 3 + 10 : 2$ aus.

14

1 100 m
2 1 cm
3 10 m
4 10 cm
5 1 m

8

1 Beim Runden prüft man, welche Zehnerzahl oder Hunderterzahl der Zahl am nächsten liegt.
2 728 ≈ 730 3 728 ≈ 700
4 Für den Überschlag rechnet man mit gerundeten Zahlen. Man erhält ein ungefähres Ergebnis.

4

1 Pyramide
2 Ecke
3 Kante
4 Seitenfläche

3

1 Quader
2 Würfel
3 Prisma
4 Kugel
5 Zylinder
6 Kegel

26

1 Punkt
2 Strecke
3 Gerade

22

1 1. Unterstreiche die Stelle, auf die gerundet wird.
2. Betrachte die Stelle rechts daneben.
Runde ab bei 0, 1, 2, 3, 4.
Runde auf bei 5, 6, 7, 8, 9.
2 25 378 ≈ 25 000
3 392 416 ≈ 400 000

19

1 Eine solche Liste heißt Urliste.
2 Diese Darstellungsform heißt Diagramm.

18

1 Der Umfang einer Form gibt an, wie lang der Rand insgesamt ist.
2 20 cm, 10 cm
10 cm + 20 cm + 10 cm + 20 cm = 60 cm
Der Umfang ist 60 cm.

36

1 Er heißt „Flächeninhalt".
2 Ein Quadratmeter ist der Flächeninhalt eines Quadrats mit 1 m Kantenlänge.
3 $1 m^2 = 10000 cm^2$

35

1 Ein Quadrat mit 1 cm Kantenlänge heißt „Zentimeterquadrat".
2 Das Flächenmaß gibt an, in wie viele Zentimeterquadrate sich eine Form zerlegen lässt.
3 Quadratzentimeter

27

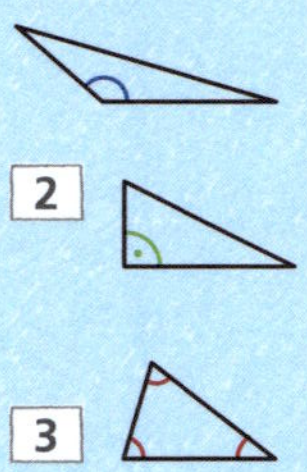

1 Ein stumpfwinkliges Dreieck besitzt einen stumpfen Winkel.
2 Ein rechtwinkliges Dreieck besitzt einen rechten Winkel.
3 Ein spitzwinkliges Dreieck besitzt nur spitze Winkel.

27

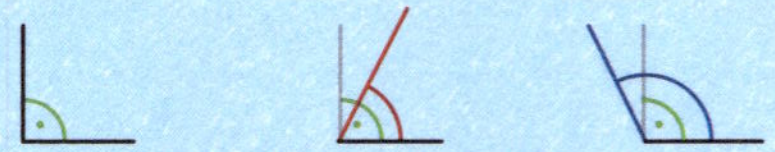

1 Ein rechter Winkel ist so groß wie die Ecke von einem Blatt Papier.
2 Ein spitzer Winkel ist kleiner als ein rechter Winkel.
3 Ein stumpfer Winkel ist größer als ein rechter Winkel.

42

1 Erst rechnet man Malaufgaben und Geteiltaufgaben. Dann rechnet man Plusaufgaben und Minusaufgaben.
2 6 · 3 + 10 : 2
= 18 + 5
= 23

39

1 1 kg (= 1 000 g)
2 1 t (= 1 000 kg)
3 100 g
4 1 g
5 10 kg

38

1 Das Fassungsvermögen wird mit Litern (l) oder Millilitern (ml) gemessen.
2 In einen großen Eimer passen 10 l Wasser.
3 In ein Trinkglas passen 250 ml Wasser.

37

1 Eine Woche dauert 7 Tage.
2 Ein Monat dauert zwischen 28 und 31 Tage.
3 Ein Jahr dauert 365 oder 366 Tage.
4 Ein Jahr hat 12 Monate.

43

1 Was bedeutet es, wenn in einer Rechenaufgabe Klammern stehen?

2 Rechne die beiden Aufgaben.

a) $(3 + 4) \cdot 7$

b) $3 + 4 \cdot 7$

44

Wie heißen die Formen?

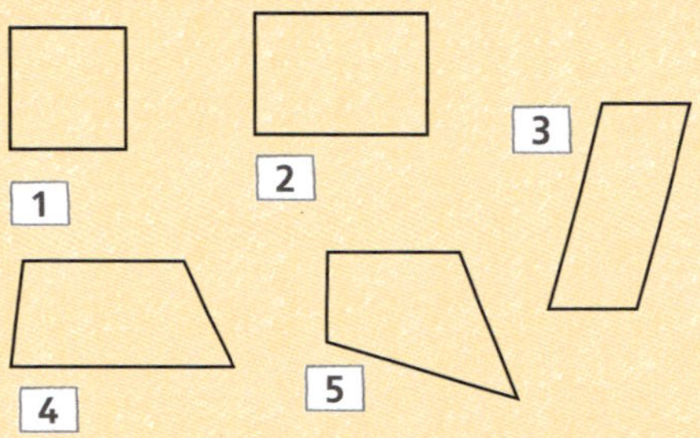

44

Vervollständige die Sätze.

1 Rechtecke sind Parallelogramme mit …

2 Trapeze haben zwei … Seiten.

3 Parallelogramme sind Trapeze, bei denen auch …

44

Wie heißen die Vierecke?

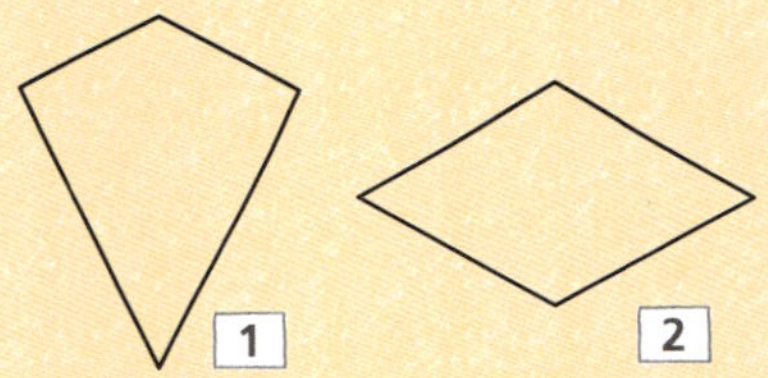

45

1 Was bedeuten „Rechtswert" und „Hochwert"?

2 Zeichne den Punkt P (3/1) in ein Koordinatensystem ein.

46

Wie heißen die Teile eines Winkels?

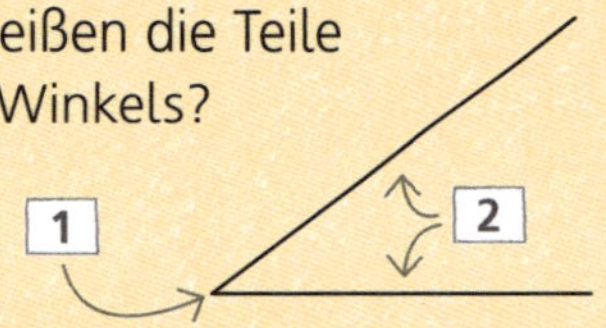

3 Wie groß sind spitze Winkel?

4 Wie groß sind rechte Winkel?

5 Wie groß sind stumpfe Winkel?

50

3^4

1 Wie heißen Ausdrücke wie 3^4?

2 Wie heißt die untere, große Zahl in einem solchen Ausdruck?

3 Wie heißt die kleine, obere Zahl?

4 Rechne 3^4 aus.

52

1 Ist 20 durch 4 teilbar?

2 Ist 36 ein Vielfaches von 9?

3 Was ist eine gerade Zahl?

4 Was ist eine ungerade Zahl?

53

1 Woran erkennt man Zahlen, die durch 2 teilbar sind?

2 Woran erkennt man Zahlen, die durch 5 teilbar sind?

3 Woran erkennt man Zahlen, die durch 10 teilbar sind?

53

1 Was ist eine Primzahl?

2 Erkläre, wieso 70 keine Primzahl ist.

55

Setze die fehlenden Zahlen ein.

1 $\frac{1}{2}$ kg = ▢ g

2 $\frac{1}{2}$ m = ▢ cm

3 $\frac{1}{2}$ Tag = ▢ h

4 $\frac{1}{4}$ km = ▢ m

5 $\frac{1}{4}$ min = ▢ s

6 $\frac{1}{2}$ € = ▢ ct

7 $\frac{3}{4}$ m = ▢ cm

8 $\frac{3}{4}$ t = ▢ kg

57/58

In welche Bruchteile wurden die Quadrate aufgeteilt?

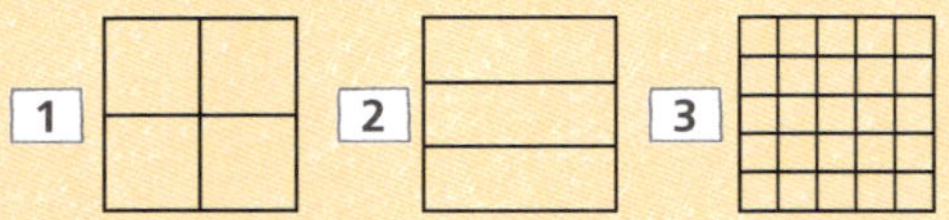

Wie spricht man die Brüche?

4 $\frac{2}{3}$

5 $\frac{20}{31}$

64

Wie heißen die Fachbegriffe für die Zahlen bei der Addition?

146 + 238 = 384

1 2 3

4 Rechne die Aufgabe 146 + 238 mit schriftlicher Addition.

64

Wie heißen die Fachbegriffe für die Zahlen bei der Subtraktion?

384 – 238 = 146

1 2 3

4 Rechne die Aufgabe 384 – 238 mit schriftlicher Subtraktion.

64

Wie heißen die Fachbegriffe für die Zahlen bei der Multiplikation?

$746 \cdot 6 = 4476$

1 2 3

4 Rechne die Aufgabe $746 \cdot 6$ mit schriftlicher Multiplikation.

64

Wie heißen die Fachbegriffe für die Zahlen bei der Division?

4476 : 6 = 746

1 2 3

4 Rechne die Aufgabe 4476 : 6 mit schriftlicher Division.

44

1 Drachenviereck

2 Raute

44

1 … rechten Winkeln.

2 … parallele …

3 … die anderen beiden Seiten parallel sind.

5504-57 © Mildenberger Verlag GmbH

44

1 Quadrat

2 Rechteck

3 Parallelogramm

4 Trapez

5 Viereck

5504-57 © Mildenberger Verlag GmbH

43

1 Das, was innerhalb der Klammern steht, muss zuerst gerechnet werden.

2 $(3 + 4) \cdot 7 = 7 \cdot 7 = 49$ $3 + 4 \cdot 7 = 3 + 28 = 31$

5504-57 © Mildenberger Verlag GmbH

52

1 20 ist teilbar durch 4, weil $20 : 4 = 5$ ohne Rest.

2 36 ist ein Vielfaches von 9, weil $4 \cdot 9 = 36$.

3 Eine gerade Zahl ist eine Zahl, die durch 2 teilbar ist.

4 Eine ungerade Zahl ist eine Zahl, die nicht durch 2 teilbar ist.

5504-57 © Mildenberger Verlag GmbH

50

1 Potenz

2 Basis

3 Exponent

4 $3^4 = 3 \cdot 3 \cdot 3 \cdot 3 = 81$

5504-57 © Mildenberger Verlag GmbH

46

1 Scheitel

2 Schenkel

3 Sie sind kleiner als 90°.

4 Sie sind gleich 90°.

5 Sie sind größer als 90° und kleiner als 180°.

5504-57 © Mildenberger Verlag GmbH

45

1 Der Rechtswert gibt an, wie weit rechts der Punkt P liegt. Der Hochwert gibt an, wie hoch der Punkt P liegt.

2
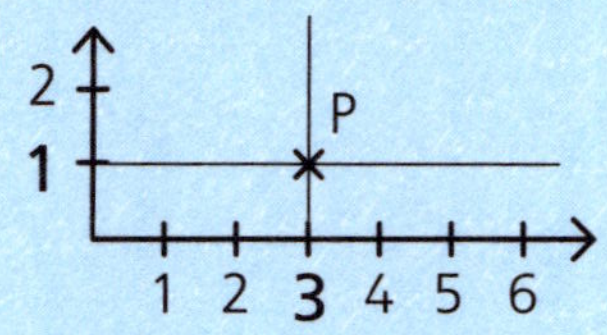

5504-57 © Mildenberger Verlag GmbH

57/58

1 in Viertel

2 in Drittel

3 in Fünfundzwanzigstel

4 zwei Drittel

5 zwanzig Einunddreißigstel

5504-57 © Mildenberger Verlag GmbH

55

1 $\frac{1}{2}$ kg = 500 g

2 $\frac{1}{2}$ m = 50 cm

3 $\frac{1}{2}$ Tag = 12 h

4 $\frac{1}{4}$ km = 250 m

5 $\frac{1}{4}$ min = 15 s

6 $\frac{1}{2}$ € = 50 ct

7 $\frac{3}{4}$ m = 75 cm

8 $\frac{3}{4}$ t = 750 kg

5504-57 © Mildenberger Verlag GmbH

53

1 Eine Primzahl ist eine Zahl, die genau 2 Teiler hat. Sie ist nur durch 1 und durch sich selbst teilbar.

2 70 ist keine Primzahl, weil $7 \cdot 10 = 70$ eine Malaufgabe ohne 1 als Faktor ist.

5504-57 © Mildenberger Verlag GmbH

53

1 Zahlen, die durch 2 teilbar sind, haben als letzte Ziffer eine 0, 2, 4, 6 oder 8.

2 Zahlen, die durch 5 teilbar sind, haben als letzte Ziffer eine 0 oder 5.

3 Zahlen, die durch 10 teilbar sind, haben als letzte Ziffer eine 0.

5504-57 © Mildenberger Verlag GmbH

64

1 Dividend 2 Divisor

3 Quotient

4

4	4	7	6	:	6	=	7	4	6
4	2								
	2	7							
	2	4							
		3	6						
		3	6						
			0						

5504-57 © Mildenberger Verlag GmbH

64

1 Faktor

2 Faktor

3 Produkt

4

7	4	6	·	6
	4	4	7	6

5504-57 © Mildenberger Verlag GmbH

64

1 Minuend

2 Subtrahend

3 Differenz

4

	3	8	4
−	2	3	8
		1	
	1	4	6

oder

		7	10
	3	~~8~~	4
−	2	3	8
	1	4	6

5504-57 © Mildenberger Verlag GmbH

64

1 Summand

2 Summand

3 Summe

4

	1	4	6
+	2	3	8
		1	
	3	8	4

5504-57 © Mildenberger Verlag GmbH

Flächenformen

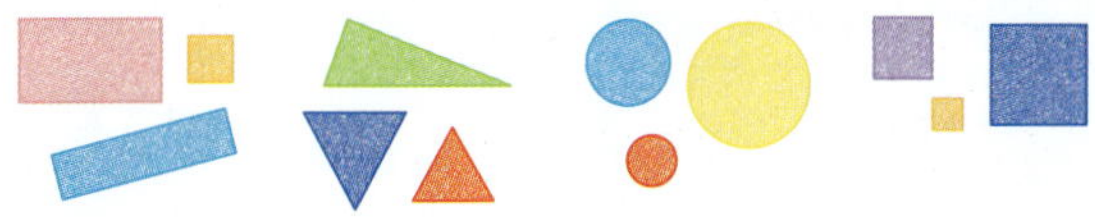

Rechtecke | **Dreiecke** | **Kreise** | **Quadrate** sind besondere Rechtecke

[1] Wie viele Formen erkennst du? Fülle die Tabellen aus.

Form	Anzahl
Rechteck	5
Kreis	4
Dreieck	3

Form	Anzahl
Quadrat	5
Dreieck	3
Kreis	5

[2] Zeichne die Formen freihand zu Ende.

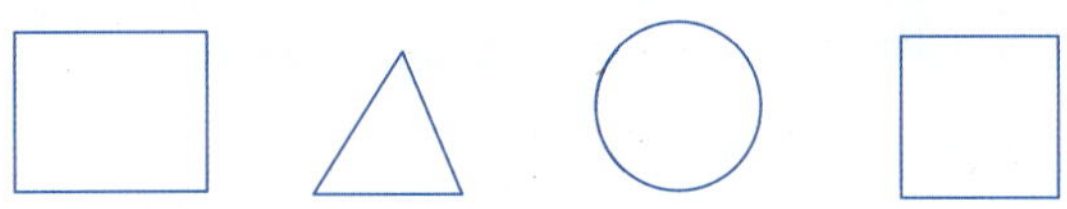

Rechteck | Dreieck | Kreis | Quadrat

[3] Zeichne die vorgegebenen Formen freihand.

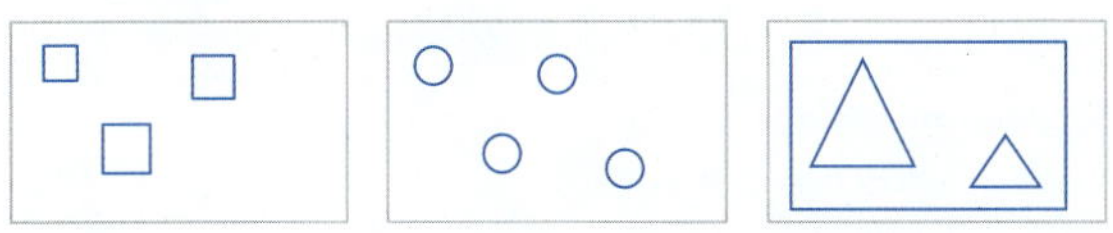

drei Quadrate | vier Kreise | zwei Dreiecke in einem Rechteck

Körper

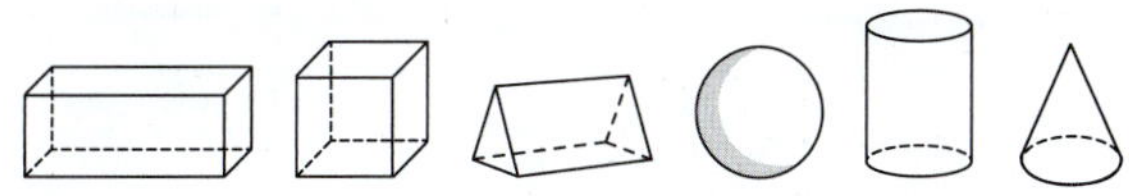

Quader | Würfel | Prisma | Kugel | Zylinder | Kegel

[1] Wie viele sind es? Zähle.

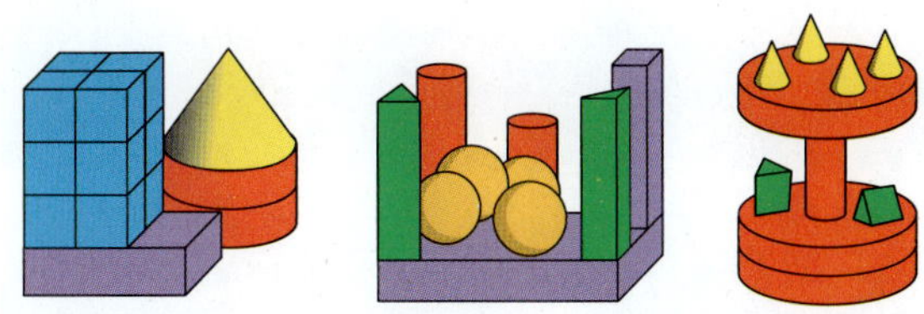

12 Würfel
1 Kegel
2 Zylinder

4 Kugeln
2 Prismen
2 Quader

4 Kegel
4 Zylinder
2 Prismen

[2] Färbe die Körper aus Aufgabe 1 entsprechend ein.

Würfel: blau | Zylinder: rot | Quader: lila
Kegel: gelb | Prisma: grün | Kugel: orange

[3] Welche Körper schwimmen hier im Wasser?

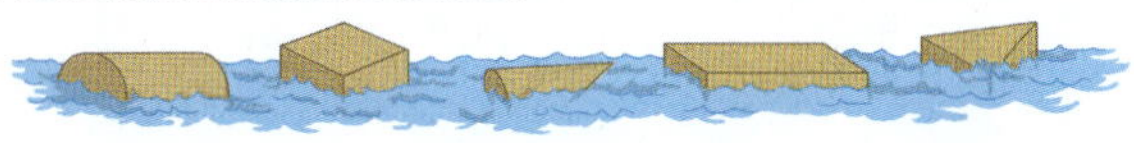

Zylinder | Kegel | Prisma
Würfel | Quader

[4] Welche Körperformen haben die Gegenstände?

1-Cent-Stück: Zylinder | Ball: Kugel
Ziegelstein: Quader | Zelt: Prisma

Körper – Fachbegriffe

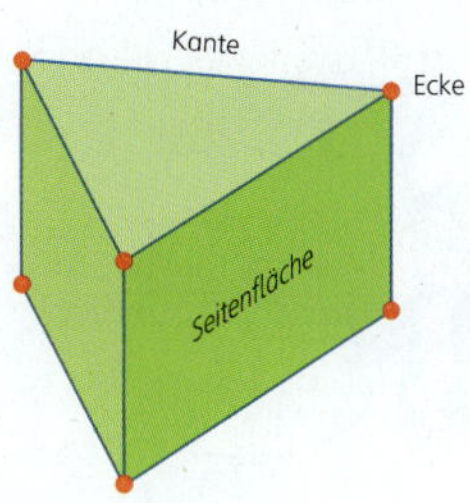

2 Seitenflächen treffen sich an einer Kante.
Kanten treffen sich in einer Ecke.

Steckbrief
Name: Prisma
6 Ecken
9 Kanten
5 Seitenflächen

[1] Schreibe die Steckbriefe zu Ende.

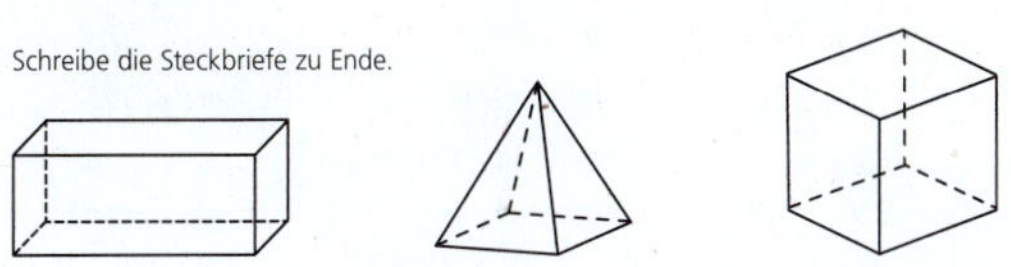

Name: Quader
8 Ecken
12 Kanten
6 Seitenflächen

Name: Pyramide
5 Ecken
8 Kanten
5 Seitenflächen

Name: Würfel
8 Ecken
12 Kanten
6 Seitenflächen

[2] Färbe die Ecken, Kanten und Seitenflächen in der angegebenen Farbe.

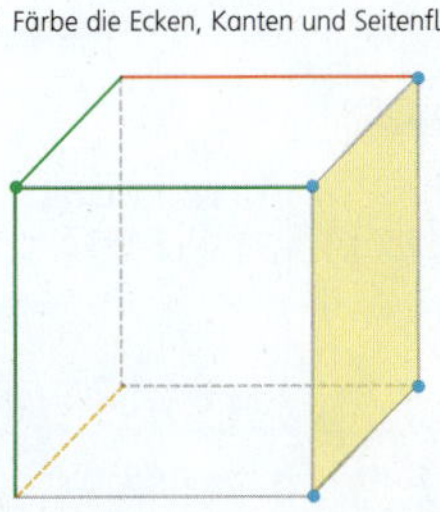

1. Färbe die rechte Seitenfläche gelb.
2. Färbe die hintere obere Kante rot.
3. Färbe die Ecken der gelben Seitenfläche blau.
4. Färbe die Kante unten links orange.
5. Färbe die obere vordere linke Ecke grün.
6. Färbe die Kanten, die sich in der grünen Ecke treffen, ebenfalls grün.

Kopfrechnen – Addition bis 100

[1] Rechne wie im Beispiel.

36 + 27 = 63
30 + 20 = 50
6 + 7 = 13

43 + 25 = 68
40 + 20 = 60
3 + 5 = 8

14 + 67 = 81
10 + 60 = 70
4 + 7 = 11

28 + 28 = 56
20 + 20 = 40
8 + 8 = 16

45 + 45 = 90
40 + 40 = 80
5 + 5 = 10

16 + 16 = 32
10 + 10 = 20
6 + 6 = 12

~~32~~ ~~81~~ ~~63~~ ~~90~~ ~~68~~ ~~56~~

[2] Rechne schneller. Jedes Ergebnis kommt zweimal vor.

36 + 27 = 63
30 + 20 = 50
6 + 7 = 13

28 + 18 = 46
30 / 16

31 + 21 = 52
50 / 2

58 + 36 = 94
80 / 14

37 + 36 = 73
60 / 13

27 + 25 = 52
40 / 12

54 + 19 = 73
60 / 13

25 + 69 = 94
80 / 14

12 + 34 = 46
40 / 6

[3] Rechne im Kopf.

27 + 30 = 57 | vierzig + 39 = 79 | 37 + fünfzig = 87
60 + 32 = 92 | siebzig + 25 = 95 | 54 + dreißig = 84
41 + 20 = 61 | zehn + 61 = 71 | 70 + zwölf = 82

[4] Rechne im Kopf oder auf einem Notizzettel.

sechsunddreißig + 41 = 77 | 18 + achtundvierzig = 66
28 + 27 = 55 | 42 + 57 = 99 | sechzehn + 17 = 33
siebenundzwanzig + siebzehn = 44 | 46 + einunddreißig = 77

Anschluss finden Mathematik 5 – Lösungen (Seite 6–9)

Kopfrechnen – Kleines Einmaleins

1 Rechne die Kernaufgaben.

2 · 6 = 12	7 · 10 = 70	2 · 8 = 16
6 · 2 = 12	10 · 7 = 70	2 · 7 = 14
8 · 5 = 40	9 · 5 = 45	6 · 5 = 30
5 · 8 = 40	5 · 9 = 45	6 · 10 = 60
10 · 4 = 40	5 · 7 = 35	5 · 2 = 10
10 · 8 = 80	2 · 9 = 18	10 · 5 = 50

*Malaufgaben mit 1, 2, 5 und 10 heißen **Kernaufgaben**. Übe die Kernaufgaben immer wieder, bis du sie auswendig kannst.*

2 Rechne immer zuerst die Kernaufgabe.

5 · 8 = 40	5 · 6 = 30	10 · 7 = 70	10 · 6 = 60	5 · 6 = 30
6 · 8 = 48	6 · 6 = 36	9 · 7 = 63	9 · 6 = 54	4 · 6 = 24
5 · 4 = 20	5 · 7 = 35	10 · 4 = 40	10 · 8 = 80	5 · 8 = 40
6 · 4 = 24	6 · 7 = 42	9 · 4 = 36	9 · 8 = 72	4 · 8 = 32

3 Verbinde jede Aufgabe mit ihrem Doppelten. Rechne.

6 · 7 ist das Doppelte von 3 · 7.

3 · 7 = 21	4 · 6 = 24	2 · 8 = 16	2 · 7 = 14
4 · 8 = 32	6 · 7 = 42	8 · 6 = 48	4 · 7 = 28

4 Rechne.

5 · 3 = 15	7 · 4 = 28	9 · 8 = 72	6 · 9 = 54	3 · 9 = 27
6 · 3 = 18	7 · 5 = 35	8 · 8 = 64	7 · 9 = 63	3 · 8 = 24
7 · 3 = 21	7 · 6 = 42	7 · 8 = 56	8 · 9 = 72	3 · 7 = 21

5 Setze die fehlenden Zahlen ein.

fünf · 6 = 30	9 · acht = 72	6 · 3 = achtzehn
vier · 5 = 20	6 · sechs = 36	9 · 10 = neunzig
drei · 7 = 21	8 · zehn = 80	2 · 9 = achtzehn
zehn · 6 = 60	8 · sieben = 56	4 · 4 = sechzehn

Zahlen bis 1 000

So spricht und schreibt man Zahlen:

1. Vom Wort zur Zahl
sechshundertvierundzwanzig ⟶ 600 4 und 20 ⟶ 624

2. Von der Zahl zum Wort
624 ⟶ 600 + 20 + 4 ⟶ sechshundertvierundzwanzig

1 Unterstreiche die Wortteile und schreibe die Zahl.

- zweihundertachtundneunzig ⟶ 200 8 und 90 ⟶ 298
- fünfhundertfünfundvierzig ⟶ 500 5 und 40 ⟶ 545
- dreihundertsiebenunddreißig ⟶ 300 7 und 30 ⟶ 337
- einhundertsechsundachtzig ⟶ 100 6 und 80 ⟶ 186
- siebenhundertneunundsiebzig ⟶ 700 9 und 70 ⟶ 779

2 Zerlege die Zahl und schreibe das Zahlwort.

- 453 400 + 50 + 3 vierhundertdreiundfünfzig
- 631 600 + 30 + 1 sechshunderteinunddreißig
- 346 300 + 40 + 6 dreihundertsechsundvierzig
- 922 900 + 20 + 2 neunhundertzweiundzwanzig

3 Schreibe die passende Aufgabe und die Zahl.

- dreihundert|zwölf 300 + 12 = 312
- fünfhundert|dreißig 500 + 30 = 530
- achthundert|sieben 800 + 7 = 807
- sechshundert|sechzehn 600 + 16 = 616

4 Schreibe das Zahlwort.

- 740 siebenhundertvierzig
- 213 zweihundertdreizehn
- 567 fünfhundertsiebenundsechzig

Runden und Überschlag

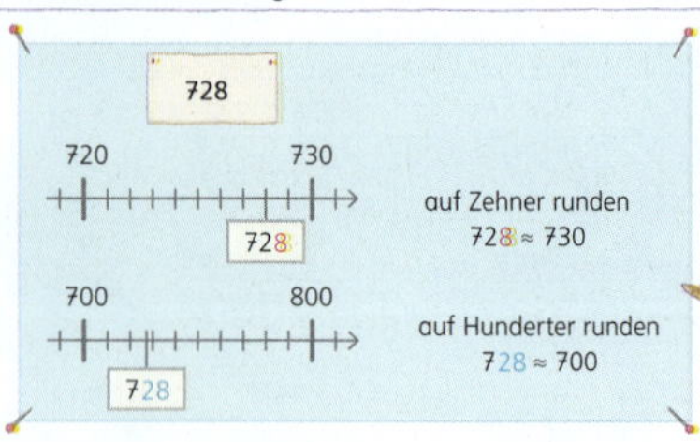

*Beim **Runden** prüft man, welche Zehnerzahl oder Hunderterzahl der Zahl am nächsten liegt.*

1 Trage die Nachbarzehner ein. Runde auf Zehner.

320 < 322 < 330	160 < 165 < 170
322 ≈ 320	165 ≈ 170
970 < 976 < 980	920 < 925 < 930
976 ≈ 980	925 ≈ 930

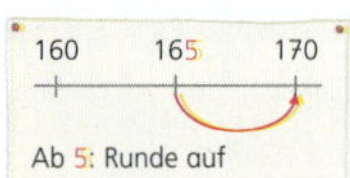

2 Trage die Nachbarhunderter ein. Runde auf Hunderter.

500 < 599 < 600	200 < 250 < 300
599 ≈ 600	250 ≈ 300
700 < 712 < 800	100 < 127 < 200
712 ≈ 700	127 ≈ 100

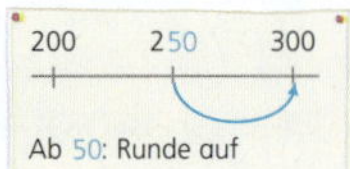

3 Runde auf Zehner.

323 ≈ 320	138 ≈ 140
165 ≈ 170	552 ≈ 550
459 ≈ 460	985 ≈ 990

4 Runde auf Hunderter.

667 ≈ 700	449 ≈ 400
371 ≈ 400	450 ≈ 500
550 ≈ 600	451 ≈ 500

5 Rechne den Überschlag. Runde dafür auf Hunderter.

427 + 196	659 – 274
Ü: 400 + 200 = 600	Ü: 700 – 300 = 400
604 + 385	891 – 467
Ü: 600 + 400 = 1000	Ü: 900 – 500 = 400

*Für den **Überschlag** rechne ich mit gerundeten Zahlen. Damit erhalte ich ein **ungefähres Ergebnis**.*

Kopfrechnen – Rechengesetze nutzen

Nachbaraufgaben bei Plus

Erst rechne ich 1 zu viel.

624 + 299

1. 624 + 300 = 924
↓–1 ↓–1
2. 624 + 299 = 923

Dann ziehe ich 1 ab.

Nachbaraufgaben bei Minus

Erst ziehe ich 2 zu viel ab.

746 – 198

1. 746 – 200 = 546
↓–2 ↓+2
2. 746 – 198 = 548

Dann rechne ich 2 hinzu.

1 Rechne. Beachte das Rechenzeichen.

571 + 200 = 771	346 + 300 = 646	668 – 300 = 368
571 + 199 = 770	346 + 299 = 645	668 – 298 = 370
926 – 500 = 426	286 + 600 = 886	914 – 400 = 514
926 – 499 = 427	286 + 598 = 884	914 – 399 = 515
149 + 100 = 249	716 – 700 = 16	399 + 499 = 898
149 + 98 = 247	716 – 698 = 18	399 + 500 = 899

2 Schreibe eine passende einfache Aufgabe. Rechne.

446 + 399 = 845	627 + 199 = 826	382 + 498 = 880
446 + 400 = 846	627 + 200 = 827	382 + 500 = 882
951 – 199 = 752	744 – 397 = 347	426 – 99 = 327
951 – 200 = 751	744 – 400 = 344	426 – 100 = 326

3 Rechne die Aufgaben im Kopf. Beachte das Rechenzeichen.

173 + 499 = 672	428 – 199 = 229	961 – 399 = 562
672 + 99 = 771	229 + 398 = 627	562 + 197 = 759

4 Rechne im Kopf. Schaue vorher Seite 5 an.

38 + 16 = 54	36 + 36 = 72	56 + 14 = 70
49 + 49 = 98	28 + 28 = 56	35 + 28 = 63

Geld

1 Wie viel Geld ist es? Rechne zusammen.

307 € 61 ct

20 € 15 ct

2 Welche Scheine und Münzen benötigst du, um den Betrag zu bezahlen? Kreise ein. *

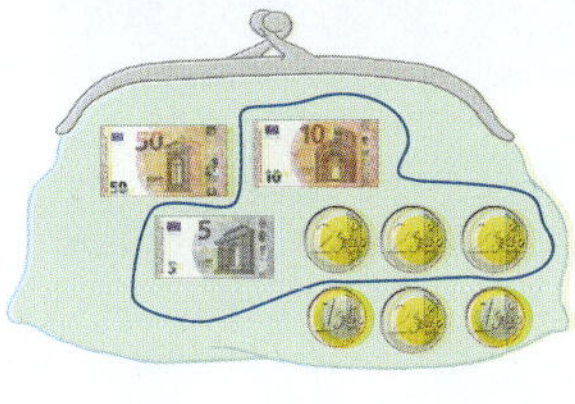

21 €

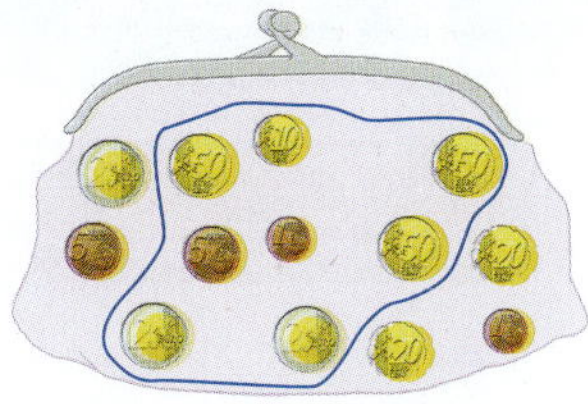

5 € 66 ct

3 Wie viel kostet es zusammen? Zeichne beide Geldbeträge und bestimme den Gesamtbetrag. *

449 € 90 ct

Sonderangebot 66 € 66 ct

200 € 200 € 20 € 20 € 5 € 2 € 2 € 50 ct 20 ct 20 ct

50 € 10 € 5 € 1 € 50 ct 10 ct 5 ct 1 ct

Insgesamt kostet der Einkauf 516 € 56 ct.

Kopfrechnen – Ergänzen zum vollen Hunderter

347 + ___ = 400

+3 +50

347 350 400

347 + 3 = 350
350 + 50 = 400
Also: 347 + 53 = 400

Erst *ergänze* ich mit Einern zum nächsten Zehner.

1 Rechne am Rechenstrich.

+1 +30: 269 270 300 — 269 + 31 = 300

+8 +70: 622 630 700 — 622 + 78 = 700

+5 +90: 405 410 500 — 405 + 95 = 500

2 Ergänze zum nächsten Hunderter. Benutze einen Notizzettel.

684 + 16 = 700	443 + 57 = 500	978 + 22 = 1000
321 + 79 = 400	56 + 44 = 100	173 + 27 = 200
716 + 84 = 800	297 + 3 = 300	535 + 65 = 600

3 Rechne mit Euro und Cent. Ergänze zu vollen Euros.

2 € 16 ct + 84 ct = 3 €	7 € 29 ct + 71 ct = 8 €
2 € 16 ct + 4 ct = 2 € 20 ct	7 € 29 ct + 1 ct = 7 € 30 ct
2 € 20 ct + 80 ct = 3 €	7 € 30 ct + 70 ct = 8 €
11 € 51 ct + 49 ct = 12 €	26 € 89 ct + 11 ct = 27 €
11 € 51 ct + 9 ct = 11 € 60 ct	26 € 89 ct + 1 ct = 26 € 90 ct
11 € 60 ct + 40 ct = 12 €	26 € 90 ct + 10 ct = 27 €

4 Ergänze zu vollen Euros.

6 € 63 ct + 37 ct = 7 €
4 € 48 ct + 52 ct = 5 €
30 € 1 ct + 99 ct = 31 €

5 Berechne das Rückgeld.

Florian kauft Walnüsse für 3 € 33 ct. Er bezahlt mit 4 €. Wie viel Geld bekommt er zurück?

A: Er bekommt 67 ct zurück.

* Beispiellösung: Andere Stückelungen sind möglich.

Schriftliche Addition

So addierst du schriftlich:

H Z E: 342 + 593 = 935

1. Einer: 2 + 3 = 5, schreibe 5
2. Zehner: 4 + 9 = 13, schreibe 3, merke 1
3. Hunderter: 3 + 5 + 1 = 9, schreibe 9

1 Addiere schriftlich. Streiche gefundene Ergebnisse durch.

485 + 261 = 746; 331 + 164 = 495; 188 + 677 = 865; 719 + 215 = 934; 623 + 79 = 702

552 + 397 = 949; 262 + 404 = 666; 389 + 398 = 787; 446 + 527 = 973; 886 + 114 = 1000

Gestrichen: 973, 495, 934, 787, 746, 666, 702, 949, 865, 1000

2 Rechne zuerst den Überschlag. Addiere dann schriftlich. *

526 + 394	148 + 407	286 + 97
Ü: 500 + 400 = 900	Ü: 150 + 400 = 550	Ü: 300 + 100 = 400
526 + 394 = 920	148 + 407 = 555	286 + 97 = 383
337 + 644	106 + 832	729 + 271
Ü: 300 + 650 = 950	Ü: 100 + 800 = 900	Ü: 700 + 270 = 970
337 + 644 = 981	106 + 832 = 938	729 + 271 = 1000

3 Schreibe passende Plusaufgaben. Der Überschlag hilft dir.

248 + 452 = 700; 321 + 329 = 650; 787 + 188 = 975

Zahlenkarten (gestrichen): 321, 248, 188, 452, 787, 329

* Andere Überschläge sind möglich.

Schriftliche Subtraktion

☐ So subtrahierst du schriftlich mit dem **Ergänzungsverfahren**:

H Z E: 617 − 246 = 371

1. Einer: von 6 bis 7 ist 1 — schreibe 1
2. Zehner: von 4 bis 1 geht nicht. von 4 bis 11 ist 7 — schreibe 7, merke 1
3. Hunderter: 1 + 2 = 3, von 3 bis 6 ist 3 — schreibe 3

☐ So subtrahierst du schriftlich mit dem **Abziehverfahren**:

H Z E: 617 − 246 = 371

1. Einer: 7 − 6 = 1 — schreibe 1
2. Zehner: 1 − 4 geht nicht. wechsle 1 H → 10 Z — streiche 6, schreibe 5; schreibe 10 über die 1; 11 − 4 = 7 — schreibe 7
3. Hunderter: 5 − 2 = 3 — schreibe 3

1 Rechne.*

617 − 246 = 371; 951 − 424 = 527; 289 − 113 = 176; 821 − 266 = 555; 704 − 333 = 371

2 Rechne. Kontrolliere mit der schriftlichen Addition. *

999 − 452 = 547	909 − 781 = 128	391 − 217 = 174	711 − 449 = 262	528 − 129 = 399
547 + 452 = 999	128 + 781 = 909	174 + 217 = 391	262 + 449 = 711	399 + 129 = 528

3 Rechne im Kopf oder schriftlich auf einem Notizzettel.

750 − 100 = 650	634 − 400 = 234	378 − 126 = 252
400 − 200 = 200	634 − 399 = 235	621 − 378 = 243
814 − 236 = 578	634 − 398 = 236	954 − 600 = 354

Hinweis für die Lehrkraft: Bitte kreuzen Sie das in der Schule verwendete Verfahren an und streichen Sie das andere Verfahren durch. Natürlich ist auch das bayerische Abziehverfahren zulässig.

* Die Lösungen werden nur für das Ergänzungsverfahren gezeigt.

Anschluss finden Mathematik 5 – Lösungen (Seite 14–17)

1 Finde zu jedem Bild die passende Länge.

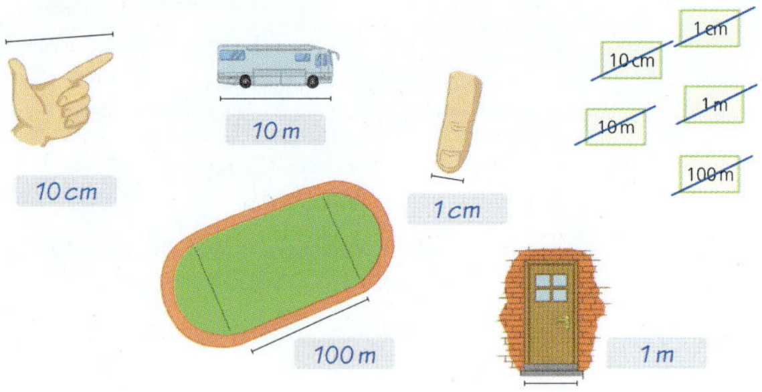

2 Wie groß sind die Gegenstände in der Wirklichkeit? Setze m oder cm ein.

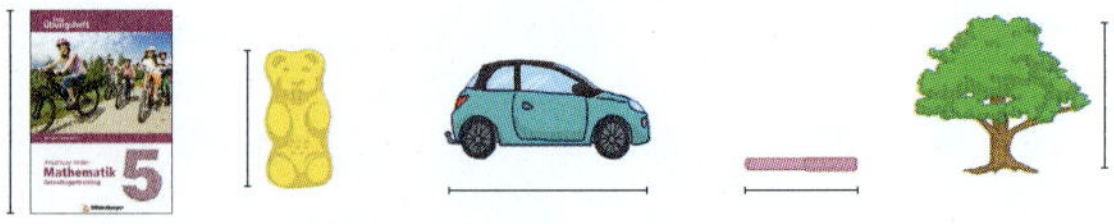

30 cm 2 cm 4 m 17 cm 15 m

3 Wie groß sind die Gegenstände? Setze m oder cm ein.

Auto: 5 m Taube: 30 cm 10-Euro-Schein: 13 cm 1-Cent-Münze: 2 cm

Handy: 14 cm Lastwagen: 12 m Giraffe: 5 m Zug: 250 m

4 Rechne den Überschlag. Runde dazu auf Hunderter.

740 + 176	555 + 407	350 + 97
Ü: 700 + 200 = 900	Ü: 600 + 400 = 1000	Ü: 400 + 100 = 500

5 Rechne die Aufgaben aus Aufgabe 4 schriftlich.

740	555	350
+ 176	+ 407	+ 97
1	1	1
916	962	447

1 Miss die Länge der Gegenstände mit dem Lineal.

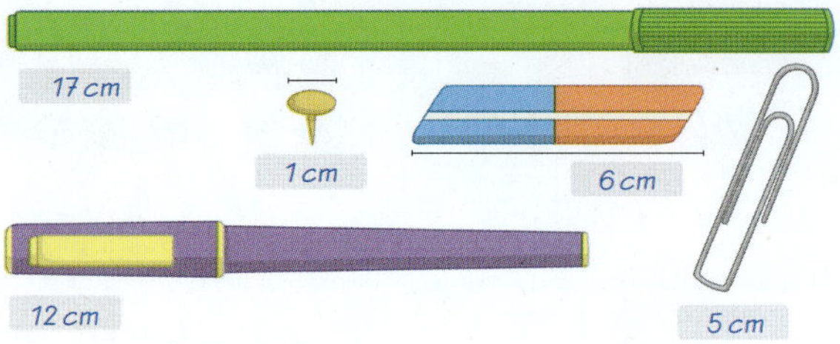

2 Wie lang sind die Gegenstände? Benutze deine Messergebnisse aus Aufgabe 1.

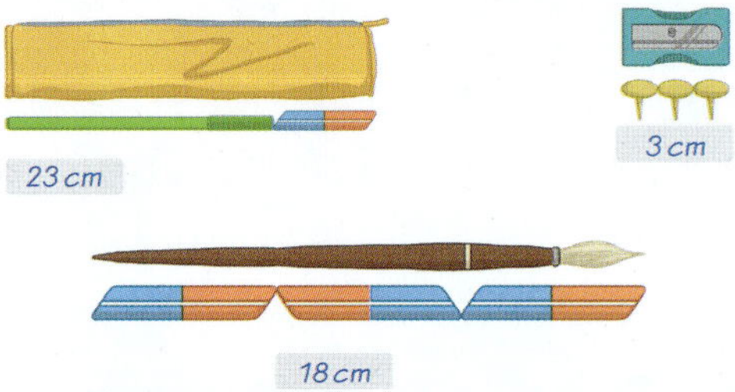

3 Wie viele Zentimeter sind es? Beachte, dass 1 m = 100 cm.

1 m = 100 cm	1 m 37 cm = 100 cm + 37 cm = 137 cm
2 m = 200 cm	6 m 48 cm = 600 cm + 48 cm = 648 cm
5 m = 500 cm	4 m 6 cm = 400 cm + 6 cm = 406 cm
7 m = 700 cm	9 m 11 cm = 900 cm + 11 cm = 911 cm

4 Schreibe immer auch in der anderen Schreibweise.

5 m 16 cm = 516 cm	4 m 49 cm = 449 cm	9 m 9 cm = 909 cm
3 m 78 cm = 378 cm	7 m 14 cm = 714 cm	4 m 5 cm = 405 cm
1 m 7 cm = 107 cm	8 m 88 cm = 888 cm	8 m 0 cm = 800 cm

1 Färbe die Körper entsprechend ein.

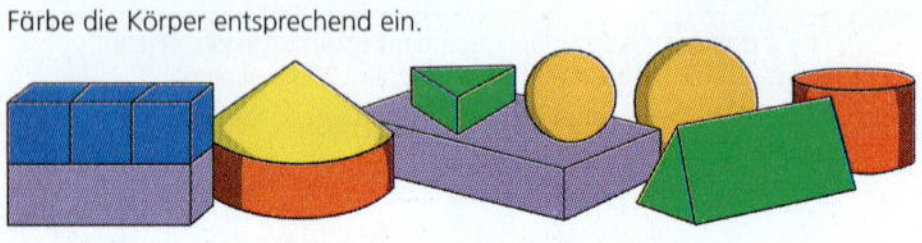

Würfel: blau Kegel: gelb Zylinder: rot Prisma: grün Quader: lila Kugel: orange

2 Rechne im Kopf.

49 + 36 = 85	57 + 15 = 72	28 + 28 = 56	36 + 36 = 72
24 + 53 = 77	36 + 34 = 70	14 + 14 = 28	24 + 24 = 48

3 Rechne.

9 · 5 = 45	5 · 6 = 30	10 · 8 = 80	4 · 7 = 28	4 · 4 = 16
2 · 7 = 14	6 · 2 = 12	9 · 8 = 72	8 · 7 = 56	8 · 4 = 32

4 Schreibe die Zahlen.

sechshunderteinundfünfzig	651	siebenhundertneunundsechzig	769
zweihundertsechsundzwanzig	226	einhundertzweiundsechzig	162
achthundertdreizehn	813	achthundertdreißig	830

5 Schreibe die Zahlwörter.

470 vierhundertsiebzig

338 dreihundertachtunddreißig

565 fünfhundertfünfundsechzig

6 Runde die Zahlen auf Zehner.

537 ≈ 540	225 ≈ 230
849 ≈ 850	698 ≈ 700
371 ≈ 370	222 ≈ 220

7 Runde die Zahlen auf Hunderter.

537 ≈ 500	250 ≈ 300
849 ≈ 800	799 ≈ 800
371 ≈ 400	404 ≈ 400

8 Rechne den Überschlag. Runde dafür auf Hunderter.

737 – 341	486 + 397	234 + 358
Ü: 700 – 300 = 400	Ü: 500 + 400 = 900	Ü: 200 + 400 = 600

9 Ergänze die Sätze.

Ein Quader hat 6 Seitenflächen und 12 Kanten.

Ein Zylinder hat 2 Kanten und keine Ecken.

Ein Würfel hat 6 quadratische Seitenflächen.

10 Ergänze zum nächsten Hunderter.

321 + 79 = 400

605 + 95 = 700

546 + 54 = 600

11 Ergänze zu vollen Euros.

3 € 87 ct + 13 ct = 4 €

12 € 2 ct + 98 ct = 13 €

8 € 26 ct + 74 ct = 9 €

12 Addiere schriftlich. Streiche gefundene Ergebnisse durch.

183	724	228	74	516
+ 482	+ 135	+ 194	+ 327	+ 274
1		1 1	1 1	1
665	859	422	401	790

~~401~~ ~~859~~ ~~422~~ ~~790~~ ~~665~~

13 Subtrahiere schriftlich. Streiche gefundene Ergebnisse durch.*

717 – 162	882 – 438	976 – 754	430 – 97	806 – 695
717	882	976	430	806
– 162	– 438	– 754	– 97	– 695
1	1		1 1	1
555	444	222	333	111

~~111~~ ~~222~~ ~~333~~ ~~444~~ ~~555~~

14 Rechne im Kopf oder schriftlich auf einem Notizzettel.

436 – 200 = 236	924 – 500 = 424	816 – 272 = 544
436 + 200 = 636	924 – 499 = 425	400 + 523 = 923

15 Wie groß sind die Gegenstände? Setze m oder cm ein.

Teller: 28 cm Elefant: 4 m Tischtennisball: 4 cm

Lokomotive: 15 m Ameise: 1 cm Fahrradreifen: 70 cm

16 Miss die Länge des Gegenstands mit dem Lineal.

* Die Lösungen werden nur für das Ergänzungsverfahren gezeigt.

Umfang

1 Fülle die Tabelle aus. Miss vorher die Seiten der Formen.

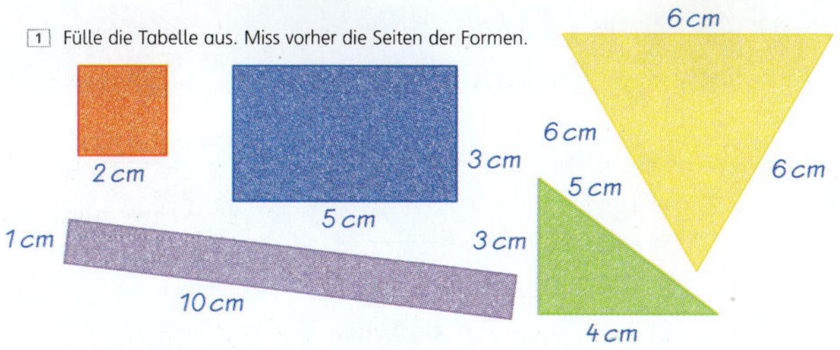

Form	Rechenaufgabe für den Umfang	Umfang
rotes Quadrat	2 cm + 2 cm + 2 cm + 2 cm	8 cm
lila Rechteck	10 cm + 10 cm + 1 cm + 1 cm	22 cm
grünes Dreieck	3 cm + 4 cm + 5 cm	12 cm
blaues Rechteck	5 cm + 3 cm + 5 cm + 3 cm	16 cm
gelbes Dreieck	6 cm + 6 cm + 6 cm	18 cm

2 Wie lang ist der Zaun? Rechne auf einem Notizzettel.

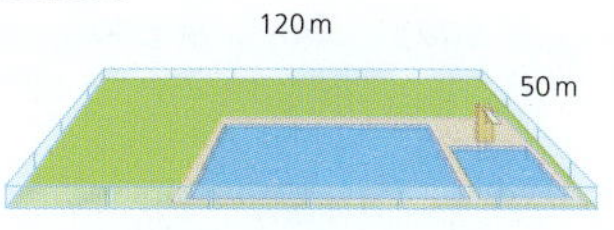

Der Zaun ist 12 m lang. Der Zaun ist 340 m lang.

Listen und Diagramme

Größe der Kinder in meiner Klasse in cm:
134, 160, 141, 146, 153, 156, 141, 144, 151, 128, 133, 162, 159, 151, 139, 138, 146, 131, 140, 149, 152, 148, 138, 155

In einer **Urliste** sind alle Werte ungeordnet aufgeführt.

Größe in cm	Anzahl
120 bis 129	I
130 bis 139	~~IIII~~ I
140 bis 149	~~IIII~~ III
150 bis 159	~~IIII~~ II
160 bis 169	II

→

Größe in cm	Anzahl
120 bis 129	1
130 bis 139	6
140 bis 149	8
150 bis 159	7
160 bis 169	2

→

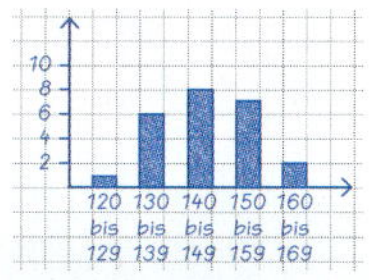

Strichliste: Alle Werte der Urliste werden sortiert und mit Strichen eingetragen.

Tabelle: Die Striche werden gezählt und die Zahlen notiert.

Diagramm: Die Zahlen aus der Tabelle werden als Länge von Balken eingetragen.

1 In einem Sportquiz haben die Kinder der Klasse 5c folgende Punktzahlen erreicht:

24, 40, 38, 42, 49, 31, 36, 51, 36, 41, 43, 21, 30, 32, 56, 55, 34, 29, 36, 49, 36, 23

a) Erstelle aus den Werten der Urliste eine Strichliste.

Punktezahl	Anzahl
20 bis 29	IIII
30 bis 39	~~IIII~~ IIII
40 bis 49	~~IIII~~ I
50 bis 59	III

b) Erstelle aus der Strichliste eine Tabelle mit den Ergebnissen.

Punktezahl	Anzahl
20 bis 29	4
30 bis 39	9
40 bis 49	6
50 bis 59	3

c) Zeichne ein Diagramm mit den Werten aus der Tabelle.

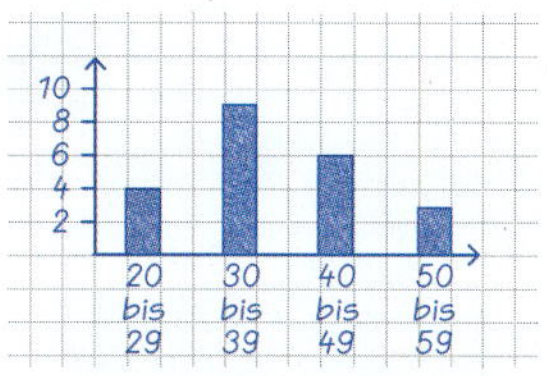

Zufallsexperimente

1 Würfle gleichzeitig mit 2 Würfeln. Schreibe auf, wie viele Punkte beide zusammen zeigen. Würfle 30-mal und schreibe die Ergebnisse in eine Urliste. *

7, 3, 3, 8, 10, 11, 6, 6, 7, 4, 7, 7, 8, 2, 9,
6, 7, 9, 5, 10, 9, 6, 8, 7, 8, 7, 9, 10, 7, 7

2 Übertrage deine Ergebnisse aus Aufgabe 1 in eine Strichliste. *

Ergebnis	Anzahl
1 bis 2	I
3 bis 4	III
5 bis 6	~~IIII~~
7 bis 8	~~IIII~~ ~~IIII~~ III
9 bis 10	~~IIII~~ II
11 bis 12	I

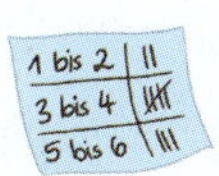

3 Übertrage die Strichliste aus Aufgabe 2 in eine Tabelle. *

Ergebnis	Anzahl
1 bis 2	1
3 bis 4	3
5 bis 6	5
7 bis 8	13
9 bis 10	7
11 bis 12	1

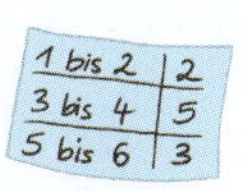

4 Nimm vier 1-Cent-Münzen und wirf sie auf eine Unterlage. Wie viele Zahlen liegen oben? Wiederhole das Experiment 20-mal. Halte deine Ergebnisse in einer Strichliste fest. *

Zahl oben	Anzahl
0 Zahlen	I
1 Zahl	~~IIII~~ I
2 Zahlen	~~IIII~~ I
3 Zahlen	IIII
4 Zahlen	III

5 Übertrage die Strichliste aus Aufgabe 4 in eine Tabelle. *

Zahl oben	Anzahl
0 Zahlen	1
1 Zahl	6
2 Zahlen	6
3 Zahlen	4
4 Zahlen	3

6 Zeichne ein Diagramm mit den Werten aus der Tabelle in Aufgabe 5. *

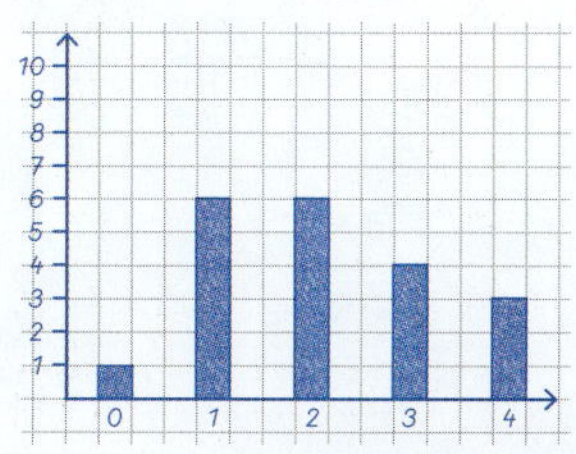

* Beispiellösung

Zahlen bis 1 000 000 in der Stellenwerttabelle

Tausenderbereich

	M	HT	ZT	T	H	Z	E
412830 →		4	1	2	8	3	0

So sprichst du die Zahl: 412 Tausend 830

vierhundertzwölftausendachthundertdreißig

1 Wie heißen die Zahlen? Trage sie auch in die Stellenwerttabelle ein.

	M	HT	ZT	T	H	Z	E	
20001			2	0	0	0	1	20 Tausend 1
436029		4	3	6	0	2	9	436 Tausend 29
999997		9	9	9	9	9	7	999 Tausend 997
5442				5	4	4	2	5 Tausend 442

2 Schreibe die Zahlen auf.

vierundfünfzigtausenddreiundsiebzig	54 073
sechshundertsechsundneunzigtausendsiebenhundert	696 700
dreihunderttausenddreihundert	300 300
einhundertzweiundvierzigtausendfünfundzwanzig	142 025

3 Schreibe als Zahlwort. Die Stellenwerttabelle kann dir helfen.

78 060 achtundsiebzigtausendsechzig
101 010 einhunderteintausendzehn
300 607 dreihunderttausendsechshundertsieben
90 099 neunzigtausendneunundneunzig

4 Rechne. Denke an die Stellenwerttabelle.

zweihunderttausend + siebzigtausend = 270 000
neunzig + achttausend = 8 090
sechzigtausend + dreitausend = 63 000

Anschluss finden Mathematik 5 – Lösungen (Seite 22–25)

Zahlen runden
1. Unterstreiche die Stelle, auf die gerundet wird.
2. Betrachte die Stelle rechts daneben.

Runde ab bei 0, 1, 2, 3, 4.
Runde auf bei 5, 6, 7, 8, 9.

Runde 28346 auf Hunderter.

ZT	T	H	Z	E
2	8	3	4	6

28346 ≈ 28300 (abgerundet)

Runde 45572 auf Tausender.

ZT	T	H	Z	E
4	5	5	7	2

45572 ≈ 46000 (aufgerundet)

1 Unterstreiche die Stelle, auf die gerundet wird. Runde dann.

a) Runde auf Hunderter.
7596 ≈ 7600
36850 ≈ 36900

b) Runde auf Tausender.
26433 ≈ 26000
699982 ≈ 700000

c) Runde auf Zehner.
4555 ≈ 4560
81004 ≈ 81000

d) Runde auf Hunderttausender.
264335 ≈ 300000
729938 ≈ 700000

e) Runde auf Zehntausender.
278804 ≈ 280000
705009 ≈ 710000

640 · 10
600 · 10 = 6000
40 · 10 = 400
640 · 10 = 6400

T	H	Z	E
	6	4	0
6	4	0	0

370 · 100
300 · 100 = 30000
70 · 100 = 7000
370 · 100 = 37000

ZT	T	H	Z	E
		3	7	0
3	7	0	0	0

2 Rechne.
92 · 10 = 920
21 · 10 = 210
640 · 10 = 6400
204 · 100 = 20400
73 · 100 = 7300
720 · 100 = 72000

3 Schreibe das Ergebnis als Zahl.

a) immer · 10
neunhundert → 9000
viertausend → 40000
siebzehn → 170

b) immer · 100
vierundzwanzig → 2400
sechstausend → 600000
zweihundertzwölf → 21200

1 Rechne den Überschlag. Runde die Zahlen auf Tausender.
6324 – 2570
Ü: 6000 – 3000 = 3000
23976 + 44402
Ü: 24000 + 44000 = 68000
8516 + 8127
Ü: 9000 + 8000 = 17000
60329 – 24017
Ü: 60000 – 24000 = 36000

2 Rechne 3 Plusaufgaben, die ein Ergebnis zwischen 60 000 und 80 000 haben. Benutze die Zahlen im Kasten. Der Überschlag hilft dir.*

24239 + 49429 = 73668
13412 + 63520 = 76932
13412 + 49429 = 62841

Kasten: 13412, 33509, 40073, 49429, 24239, 63520, 50704

3 Rechne wie das Kind im Bild.
40 · 300 = 12000
30 · 900 = 27000
200 · 400 = 80000
60 · 700 = 42000
900 · 20 = 18000
900 · 200 = 180000
20000 · 30 = 600000
6000 · 50 = 300000
5000 · 20 = 100000

20 · 7000 =
20 —· 7000→ 140000
· 7 ↘ 140 ↗ · 1000

4 Rechne den Überschlag.
525 · 79
Ü: 500 · 80 = 40000
34 · 6904
Ü: 30 · 7000 = 210000
446 · 168
Ü: 400 · 200 = 80000
894 · 770
Ü: 900 · 800 = 720000
32 · 677
Ü: 30 · 700 = 21000

2631 · 42
Ü: 3000 · 40 = 120000

5 Streiche die beiden Zahlen durch, die kein Ergebnis aus Aufgabe 4 sind.
(21664) (41475) ~~404368~~ (74928) (688380) ~~4592~~ (234736)

3 · 2694 oder 2694 · 3

	2	6	9	4
	2	6	9	4
+	2	6	9	4
	2	2	1	
	8	0	8	2

3 · 4 = 12 — 2 schreiben, 1 merken
3 · 9 + 1 = 28 — 8 schreiben, 2 merken
3 · 6 + 2 = 20 — 0 schreiben, 2 merken
3 · 2 + 2 = 8 — 8 schreiben

Kürzer geht es mit der schriftlichen Multiplikation. Du rechnest dabei die gleichen Schritte wie oben: 2694 · 3 = 8082

1 Multipliziere schriftlich.
356 · 2 = 712
5562 · 2 = 11124
157 · 3 = 471
234 · 4 = 936
1792 · 5 = 8960
824 · 3 = 2472
287 · 9 = 2583
6682 · 6 = 40092
375 · 8 = 3000

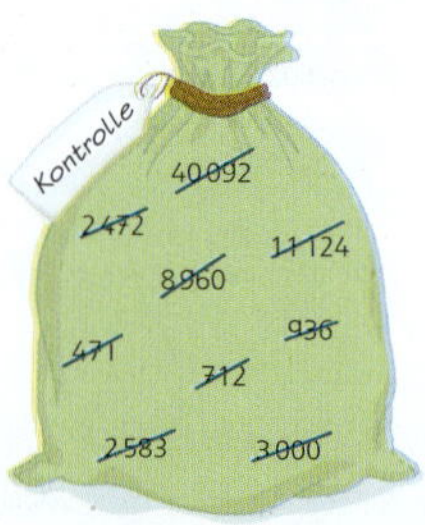

So multiplizierst du schriftlich mit größeren Zahlen:

2634 · 32
8 0 8 2 0
5 2 6 8
1
8 6 0 8 8

1. 2634 · 30 = 80820
2. 2634 · 2 = 5268

2 Multipliziere schriftlich. Rechne auch den Überschlag.

356 · 14
Ü: 400 · 10 = 4000
356 · 14
356
1424
4984

2485 · 25
Ü: 2000 · 30 = 60000
2485 · 25
4970
12425
1 1
62125

936 : 4 = 234
800 : 4 = 200
übrig: 136
120 : 4 = 30
übrig: 16
16 : 4 = 4
übrig: 0

936 : 4 = 234
8
13
12
16
16
0

9 : 4 geht nicht
8 : 4 = 2
9 – 8 = 1
13 : 4 geht nicht
12 : 4 = 3
13 – 12 = 1
16 : 4 = 4
16 – 16 = 0

1 Rechne mit der schriftlichen Division. Ergänze die fehlenden Zahlen.

471 : 3 = 157
3
17
15
21
21
0

3255 : 7 = 465
28
45
42
35
35
0

2552 : 4 = 638
24
15
12
32
32
0

675 : 5 = 135
5
17
15
25
25
0

6528 : 8 = 816
64
12
8
48
48
0

4002 : 6 = 667
36
40
36
42
42
0

~~465~~ ~~135~~ ~~667~~ ~~157~~ ~~816~~ ~~638~~

2 Dividiere schriftlich. Kontrolliere mit der schriftlichen Multiplikation.

2931 : 3 = 977
27
23
21
21
21
0
K: 977 · 3 = 2931

6561 : 9 = 729
63
26
18
81
81
0
K: 729 · 9 = 6561

4752 : 2 = 2376
4
07
6
15
14
12
12
0
K: 2376 · 2 = 4752

Punkt, Gerade und Strecke

Punkte sind festgelegte Stellen auf dem Blatt Papier. Sie werden mit großen Buchstaben benannt.

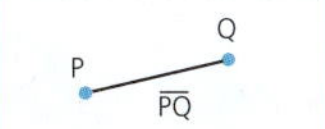

Strecken sind gerade Verbindungen zwischen zwei Punkten. Man bezeichnet sie durch Angabe der Endpunkte mit einem Querbalken.

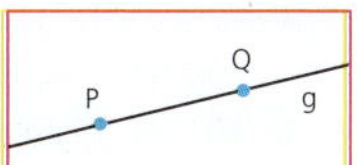

Geraden sind unendlich lang verlängerte Strecken. Sie werden mit kleinen Buchstaben benannt.

1 Schreibe die Bezeichnungen für die Strecken und Geraden in die Zeichnungen.

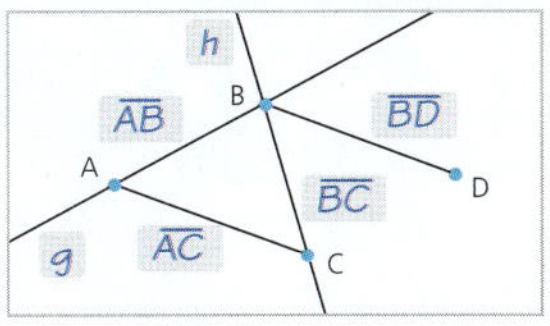

Die Gerade g verläuft durch A und B.
Die andere Gerade heißt h.

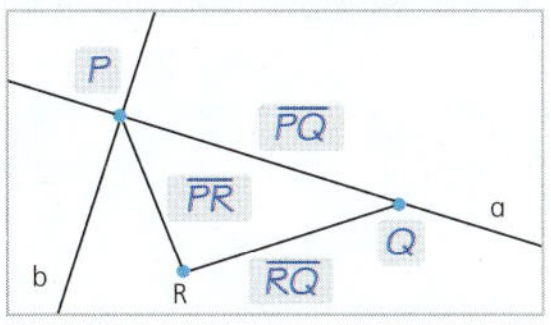

P liegt auf a und b.
Q liegt auf a.

2 Schreibe die Bezeichnungen für die Geraden und Strecken in die Zeichnung.

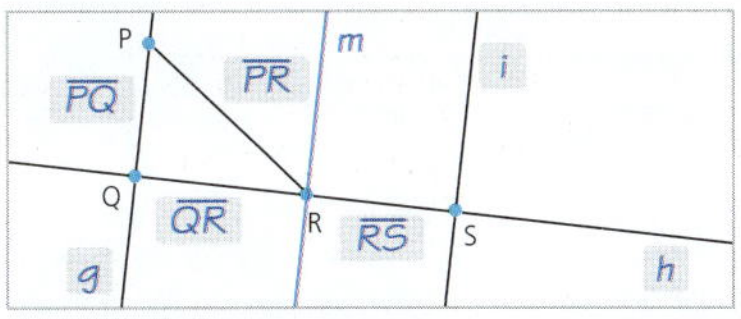

Die Gerade g verläuft durch P.
Die Gerade i ist parallel zu g.
Die Gerade h ist senkrecht zu g.

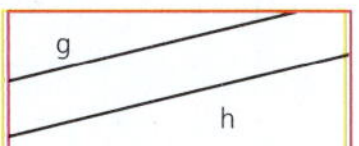

Die Geraden g und h sind parallel zueinander.

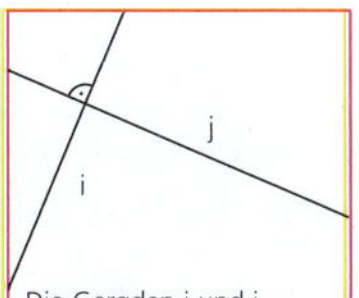

Die Geraden i und j stehen senkrecht aufeinander.

3 Zeichne in die Zeichnung von Aufgabe 2 eine Gerade m ein, die parallel zu i ist und den Punkt R enthält. Benutze dein Geodreieck.

Winkelarten

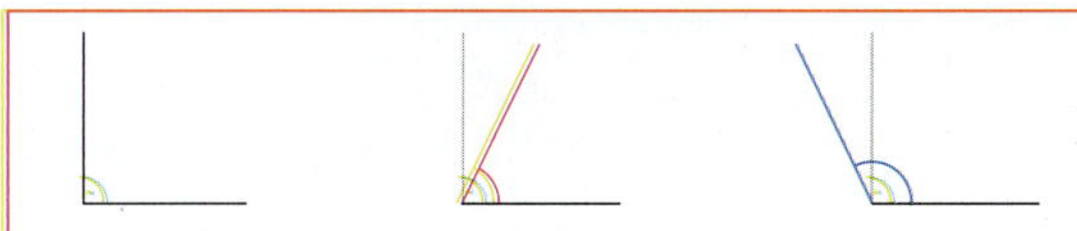

Dies ist ein rechter Winkel.

Ein spitzer Winkel ist kleiner als ein rechter Winkel.

Ein stumpfer Winkel ist größer als ein rechter Winkel.

1 Markiere alle rechten Winkel grün (∟), alle spitzen Winkel rot (∠) und alle stumpfen Winkel blau.

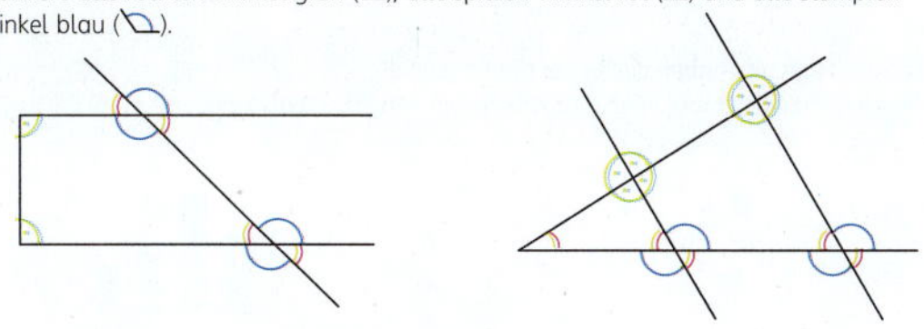

Dreiecksarten unterscheidet man anhand ihrer Winkel.

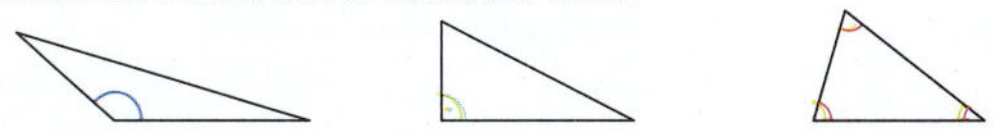

Ein stumpfwinkliges Dreieck besitzt einen stumpfen Winkel.

Ein rechtwinkliges Dreieck besitzt einen rechten Winkel.

Ein spitzwinkliges Dreieck besitzt nur spitze Winkel.

2 Färbe stumpfwinklige Dreiecke blau ein, spitzwinklige Dreiecke rot und rechtwinklige Dreiecke grün.

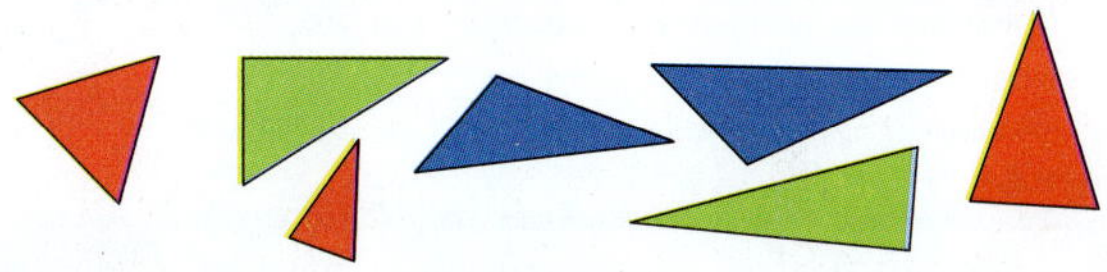

3 Multipliziere schriftlich.

142857 · 3 = 428571

142857 · 5 = 714285

142857 · 6 = 857142

Uhrzeiten

Der kurze Uhrzeiger gibt an, zwischen welchen vollen Stunden die Uhrzeit ist. Hier ist es nach 4 Uhr und vor 5 Uhr **oder** nach 16 Uhr und vor 17 Uhr.

Der lange Uhrzeiger gibt an, wie viele Minuten seit der letzten vollen Stunde vergangen sind. Hier sind das 36 Minuten.

Die Uhr zeigt an, dass es 36 Minuten nach 4 Uhr oder 36 Minuten nach 16 Uhr ist. Es ist also 4.36 Uhr oder 16.36 Uhr.

1 Zwischen welchen vollen Stunden liegt die Uhrzeit? Beachte die Tageszeit.

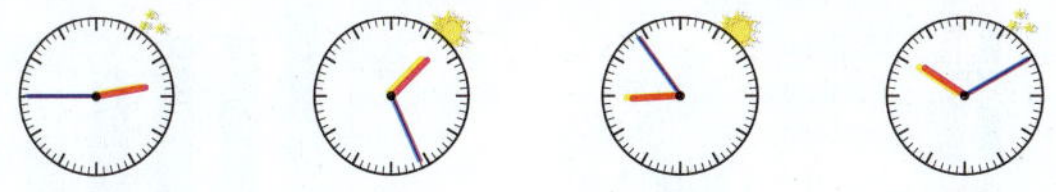

nach 2 Uhr, vor 3 Uhr
nach 13 Uhr, vor 14 Uhr
nach 8 Uhr, vor 9 Uhr
nach 22 Uhr, vor 23 Uhr

2 Wie viele Minuten sind seit der letzten vollen Stunde vergangen?

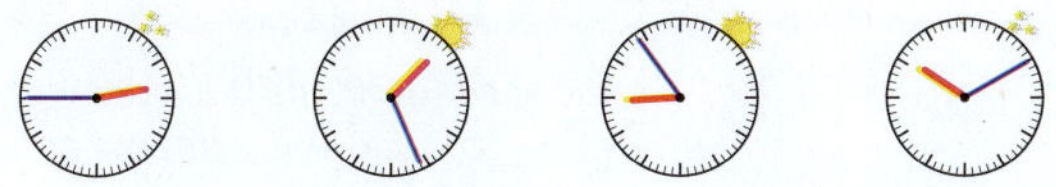

45 Minuten
26 Minuten
54 Minuten
10 Minuten

3 Schreibe die Uhrzeiten auf, die die Uhren aus Aufgabe 2 anzeigen.

2.45 Uhr
13.26 Uhr
8.54 Uhr
22.10 Uhr

4 Zeichne die Uhrzeiger ein.

Zeitspannen berechnen

Wie lange dauert es von 8.35 Uhr bis 12.20 Uhr?

8.35 —(+ 25 min)→ 9.00 —(+ 3 h)→ 12.00 —(+ 20 min)→ 12.20

oder

8.35 —(+ 3 h)→ 11.35 —(+ 25 min)→ 12.00 —(+ 20 min)→ 12.20

3 h + 25 min + 20 min = 3 h 45 min. Es dauert 3 h 45 min.

1 Wie lange dauert es?

Von 13.55 bis 18.25 dauert es 4 h 30 min.

13.55 —(+ 5 min)→ 14.00 —(+ 4 h)→ 18.00 —(+ 25 min)→ 18.25

Von 8.05 bis 15.30 dauert es 7 h 25 min.

8.05 —(+ 55 min)→ 9.00 —(+ 6 h)→ 15.00 —(+ 30 min)→ 15.30

2 Berechne den Endzeitpunkt.

Start: 12.40 Uhr
Dauer: 2 h 25 min
Ende: 15.05 Uhr

12.40 —(+ 2 h)→ 14.40 —(+ 25 min)→ 15.05

Start: 17.30 Uhr
Dauer: 1 h 45 min
Ende: 19.15 Uhr

17.30 —(+ 1 h)→ 18.30 —(+ 45 min)→ 19.15

Start: 6.22 Uhr
Dauer: 6 h 18 min
Ende: 12.40 Uhr

6.22 —(+ 6 h)→ 12.22 —(+ 18 min)→ 12.40

3 Das Eishockeyspiel begann um 19.15 Uhr und endete um 21.05 Uhr. Wie lange dauerte es?

19.15 —(+45 min)→ 20.00 —(+1 h)→ 21.00 —(+5 min)→ 21.05

Es dauerte 1 h 50 min.

Anschluss finden Mathematik 5 – Lösungen (Seite 30–33)

Wiederholen und festigen

1 Fülle die Tabelle aus. Miss vorher die Seiten der Formen.

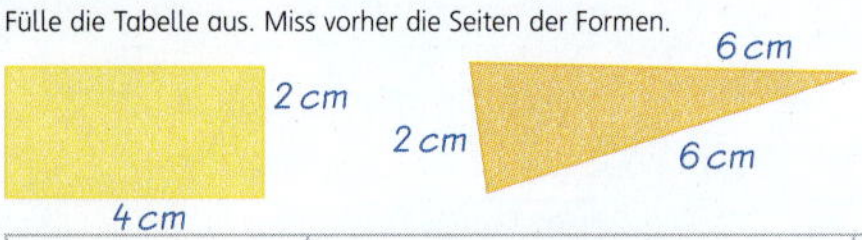

Form	Rechenaufgabe für den Umfang	Umfang
gelbes Rechteck	4 cm + 4 cm + 2 cm + 2 cm	12 cm
oranges Dreieck	6 cm + 6 cm + 2 cm	14 cm

2 So viele Haustiere haben die Kinder der Klasse 5a.
Übertrage die Strichliste in eine Tabelle und zeichne das Diagramm.

Haustiere	Kinder
0	卌 II
1	卌 卌
2	卌 I
3	IIII

→

Haustiere	Kinder
0	7
1	10
2	6
3	4

→

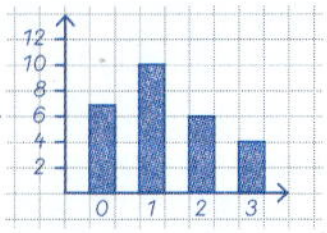

3 Wie heißen die Zahlen? Trage sie auch in die Stellenwerttabelle ein.

	M	HT	ZT	T	H	Z	E	
120 049		1	2	0	0	4	9	120 Tausend 49
74 111			7	4	1	1	1	74 Tausend 111

4 Schreibe die Zahlen auf.

fünfhundertviertausenddreihundertachtundachtzig — 504 388
sechsundneunzigtausendachthundertvierzig — 96 840
neunhundertelftausendeinhundertneunzehn — 911 119

5 Unterstreiche zuerst die Stelle, auf die gerundet wird.

a) Runde auf Tausender.

8421 ≈ 8 000
11 961 ≈ 12 000
44 500 ≈ 45 000

b) Runde auf Hunderter.

24 663 ≈ 24 700
38 551 ≈ 38 600
9842 ≈ 9 800

6 Rechne.

173 · 10 = 1 730
26 · 100 = 2 600
274 · 100 = 27 400
147 · 10 = 1 470

Wiederholen und festigen

7 Rechne den Überschlag. Runde die Zahlen auf Tausender.

26 381 – 14 944
Ü: 26 000 – 15 000 = 11 000

74 465 + 25 827
Ü: 74 000 + 26 000 = 100 000

8 Multipliziere schriftlich.

4846 · 5 = 24 230

451 · 9 = 4 059

733 · 32:
2199
1466
23 456

662 · 69:
3972
5958
45 678

9 Dividiere schriftlich.

2345 : 5 = 469
– 20
34
– 30
45
– 45
0

3456 : 4 = 864
– 32
25
– 24
16
– 16
0

1998 : 3 = 666
– 18
19
– 18
18
– 18
0

10 Markiere rechte Winkel, spitze Winkel und stumpfe Winkel.

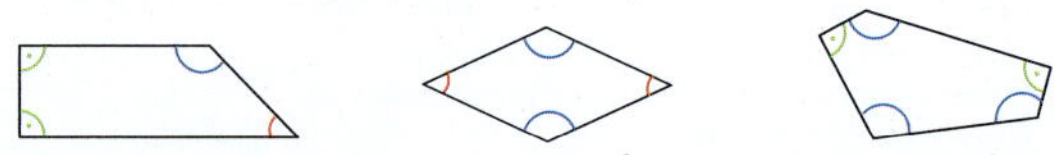

11 Schreibe die Uhrzeit auf oder zeichne die Zeiger ein.

13.17 Uhr — 21.31 Uhr — 6.42 Uhr — 23.05 Uhr

12 Wie lange dauert es von 9.30 Uhr bis 17.10 Uhr?

9.30 —(+ 30 min)→ 10.00 —(+ 7 h)→ 17.00 —(+ 10 min)→ 17.10

Von 9.30 Uhr bis 17.10 Uhr dauert es 7 h 40 min.

Zahlen über 1 Million

Billiarden			Billionen			Milliarden			Millionen			Tausender					
Brd			Bio			Mrd			Mio			HT	ZT	T	H	Z	E
				2	6	0	3	3	1	0	4	7	3	8	9	1	1

Die Zahl heißt 26 Billionen 33 Milliarden 104 Millionen 738 Tausend 911.

1 Trage die Zahlen in die Stellenwerttabelle ein.

	Bio			Mrd			Mio			HT	ZT	T	H	Z	E
6 Millionen 24 Tausend 300									6	0	2	4	3	0	0
27 Milliarden 350 Millionen 400 Tausend					2	7	3	5	0	4	0	0	0	0	0
8 Billionen 336 Tausend 954			8	0	0	0	0	0	0	3	3	6	9	5	4
8 Millionen 336 Tausend 954									8	3	3	6	9	5	4
8 Billionen 336 Milliarden 954 Millionen			8	3	3	6	9	5	4	0	0	0	0	0	0

Tipp: Setze bei großen Zahlen zuerst von rechts aus alle 3 Ziffern einen kleinen Punkt. Schreibe dann T, Mio, Mrd, Bio, Brd … unter die Ziffernpäckchen.

Beispiel: 2.034.338.400.000 → 2 Billionen 34 Milliarden 338 Millionen 400 Tausend
Bio Mrd Mio T

2 Schreibe auf, wie die Zahl heißt. Beachte den Tipp oben.

99.425.379.000 — 99 Milliarden 425 Millionen 379 Tausend
1.000.900.425.000.000 — 1 Billiarde 900 Milliarden 425 Millionen
26.257.920 — 26 Millionen 257 Tausend 920
788.265.423 — 788 Millionen 265 Tausend 423
100.000.555.555.001 — 100 Billionen 555 Millionen 555 Tausend 1

3 Schreibe die Zahl.

siebenundzwanzig Milliarden zweihunderteinundfünfzig — 27 000 000 251
drei Billionen vierhundertzwanzig Milliarden zwölf — 3 420 000 000 012
einhundertelf Billionen einhundertelf Millionen — 111 000 111 000 000
vierhundertneunundvierzigtausendsechshundert — 449 600

Große Zahlen – Runden und Diagramme

1 Runde die Zahlen auf die angegebenen Stellenwerte. Beachte auch die Regeln von Seite 22.

auf Zehnmillionen: 381 425 370 ≈ 380 000 000
auf Hunderttausender: 48 376 452 ≈ 48 400 000
auf Zehner: 113 210 046 ≈ 113 210 050
auf Milliarden: 8 292 643 475 ≈ 8 000 000 000
auf Hundertmillionen: 6 494 920 884 ≈ 6 500 000 000
auf Millionen: 167 772 160 ≈ 168 000 000

2 In der Tabelle siehst du, wie viele Einwohner die größten EU-Länder Mitte des Jahres 2018 hatten. Runde die Zahlen auf Zehnmillionen und zeichne das Diagramm.

Land	Einwohner	gerundet
(Deutschland)	81 376 000	80 000 000
(Frankreich)	65 274 000	70 000 000
(Großbritannien)	65 950 000	70 000 000
(Italien)	59 942 000	60 000 000
(Polen)	38 642 000	40 000 000
(Spanien)	45 858 000	50 000 000

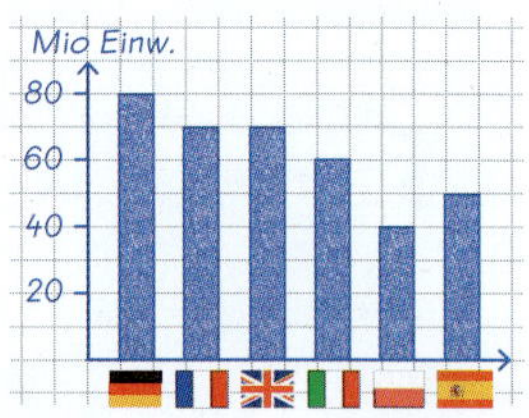

3 Wie viele Einwohner hatten die sechs größten EU-Länder Mitte 2018 zusammen? Addiere schriftlich. Benutze die genauen Einwohnerzahlen aus Aufgabe 2.

81 376 000
65 274 000
65 950 000
59 942 000
38 642 000
+ 45 858 000
357 042 000

A: Die sechs größten EU-Länder hatten Mitte 2018 zusammen 357 042 000 Einwohner.

4 Die Zahlen in der Tabelle aus Aufgabe 2 sind bereits gerundet. Nenne jeweils eine Zahl, die auf diese Zahlen gerundet werden kann.*

(Deutschland) 81 376 159 ≈ 81376000
(Italien) 59 942 163 ≈ 59942000
(Großbritannien) 65 949 980 ≈ 65950000
(Polen) 38 641 807 ≈ 38642000
(Spanien) 45 858 331 ≈ 45858000
(Frankreich) 65 274 036 ≈ 65274000

* Andere Zahlen sind möglich.

Multiplikation mit Stufenzahlen und großen Zahlen

1 Rechne. Denke an die Tauschaufgabe.

425 · 10 = 4 250	90 · 4 000 = 360 000	28 · 2 = 56
100 · 425 = 42 500	90 · 400 = 36 000	28 · 20 = 560
425 · 1 000 = 425 000	900 · 400 = 360 000	2 000 · 28 = 56 000

2 Multipliziere die obere Aufgabe schriftlich.

48 · 6 = 288 | 713 · 8 = 5 704 | 354 · 5 = 1 770

48 · 6 = 288 | 713 · 8 = 5704 | 354 · 5 = 1770

48 · 6 000 = 288 000 | 713 · 800 = 570 400 | 354 · 5 000 = 1 770 000

3 Rechne. Nutze einen Notizzettel für die schriftliche Multiplikation.

492 · 200 = 98 400 | 625 · 6 000 = 3 750 000 | 900 · 5 724 = 5 151 600

4 Wandle immer in die nächstgrößere Einheit um. Beachte den Kasten.

120 mm = 12 cm	17 000 m = 17 km
3 000 m = 3 km	610 mm = 61 cm
600 cm = 6 m	4 000 cm = 40 m
2 400 mm = 240 cm	2 000 m = 2 km

10 mm = 1 cm
100 cm = 1 m
1 000 m = 1 km

Beispiele:
80 mm = 8 cm
2 000 cm = 20 m

5 Rechne. Manchmal hilft die Tauschaufgabe.

6 · 200 m = 1 200 m	2 000 · 4 mm = 8 000 mm	12 · 200 € = 2 400 €
300 · 8 cm = 2 400 cm	60 · 80 m = 4 800 m	50 · 90 ct = 4 500 ct

6 Rechne. Wandle dann dein Ergebnis um wie in Aufgabe 4.

5 · 400 m = 2 000 m = 2 km	6 · 3 000 m = 18 000 m = 18 km
30 · 50 cm = 1 500 cm = 15 m	60 · 6 mm = 360 mm = 36 cm

7 Ein Gehweg besteht aus 70 Platten, die je 40 cm lang sind. Wie lang ist der Weg?

L: 70 · 40 cm = 2 800 cm = 28 m A: Der Weg ist 28 m lang.

Flächenmaße

Das ist ein Zentimeterquadrat: ▢

Der Umfang einer Form gibt an, wie lang der Rand insgesamt ist.

Du hast den Umfang auf Seite 18 kennengelernt.

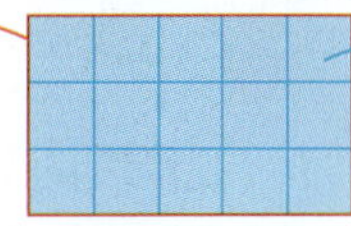

Das Flächenmaß einer Form gibt an, in wie viele Zentimeterquadrate sich die Form zerlegen lässt. Das Flächenmaß gibt also an, wie viel Platz in der Form ist.

1 Zeichne die Trennlinien zwischen den Zentimeterquadraten ein. Bestimme das Flächenmaß.

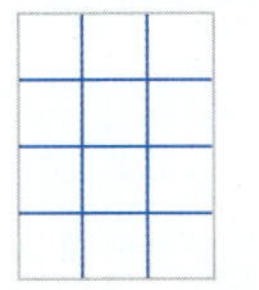

Flächenmaß = 12 cm²

Flächenmaß = 10 cm²

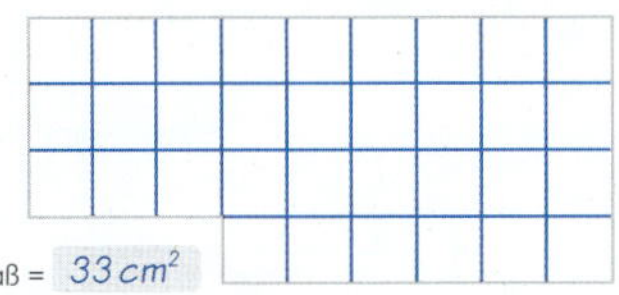

Flächenmaß = 33 cm²

2 Berechne den Umfang und das Flächenmaß der Rechtecke.

Größe der Seiten	Umfang	Flächenmaß
Länge = 3 cm, Breite = 10 cm	26 cm	30 cm²
Länge = 7 cm, Breite = 7 cm	28 cm	49 cm²
Länge = 20 cm, Breite = 50 cm	140 cm	1 000 cm²

3 Ein DIN-A4-Blatt ist 21 cm breit und 30 cm lang. Wie groß ist sein Flächenmaß?

A: Das Flächenmaß eines DIN-A4-Blattes beträgt 630 cm².

Flächenberechnung

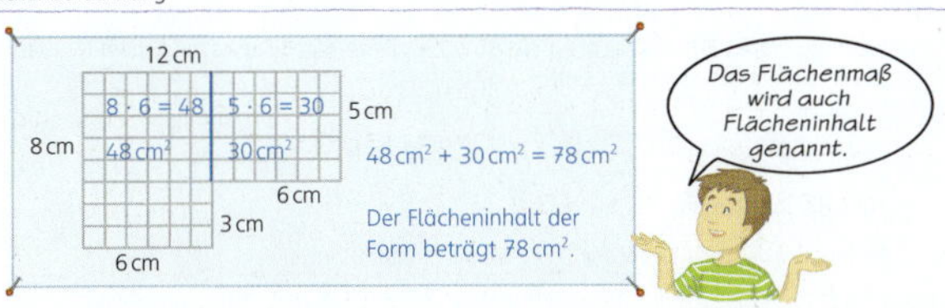

1 Berechne den Flächeninhalt der Formen. Unterteile dafür die Formen mit einem Trennstrich. Miss die Länge der Seiten und notiere sie.

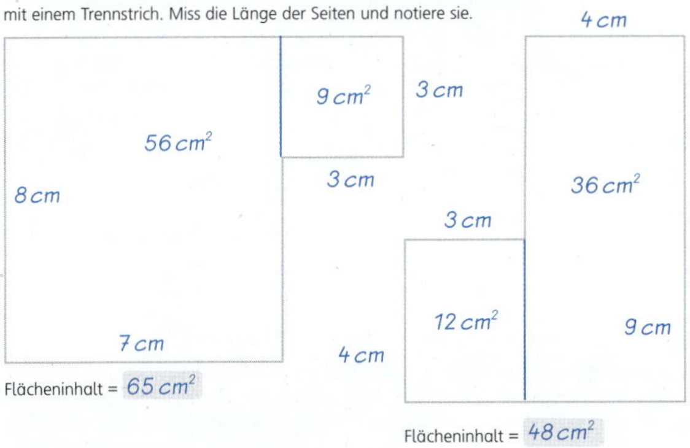

Flächeninhalt = 65 cm²

Flächeninhalt = 48 cm²

2 Bei diesen Formen sollst du nicht rechnen.
Zeichne nur Trennlinien ein, sodass Rechtecke entstehen. *

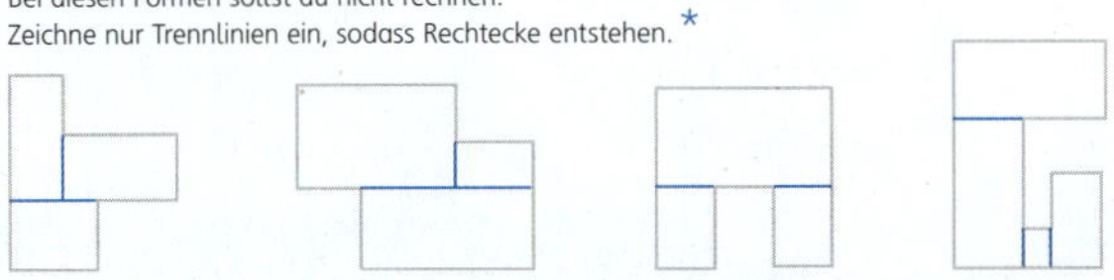

3 Ein Quadratmeter ist der Flächeninhalt eines Quadrates, das 1 m lang und 1 m breit ist.
Wie viele Quadratzentimeter ist ein Quadratmeter?

100 cm · 100 cm = 10 000 cm² A: 1 m² = 10 000 cm²

* Andere Einteilungen sind möglich.

Zeitspannen – Tage, Wochen, Monate und Jahre

1 Beantworte die Fragen mithilfe des Kalenders.

Wie heißt der 4. Monat? April

Wie heißt der 12. Monat? Dezember

Wie viele Tage hat der Mai? 31 Tage

Wie viele Tage hat der 9. Monat? 30 Tage

2 Kreise die folgenden Tage im Kalender ein.
a) 11.11.2019 b) 17.02.2019 c) 30.04.2019
d) deinen Geburtstag * e) den ersten Weihnachtsfeiertag

3 Rechne.

Eine Woche dauert 7 Tage. Vier Wochen dauern 28 Tage.

Die drei letzten Monate des Jahres dauern zusammen 92 Tage.

Die Sommerferien dauern 44 Tage. Das sind 6 Wochen und 2 Tage.

* Die Lösung ist individuell.

Anschluss finden Mathematik 5 – Lösungen (Seite 38–41)

Volumen (Rauminhalt)

1 Wie viel Wasser passt hinein? Verbinde.

15 ml	1 ml	250 ml	100 ml	1 l	500 ml	150 l	10 l

2 In einen hohlen Würfel mit 1 cm Kantenlänge passt genau 1 ml Wasser. Finde heraus, wie viele Würfel in die Quader passen. Schreibe dein Ergebnis auch in Milliliter.

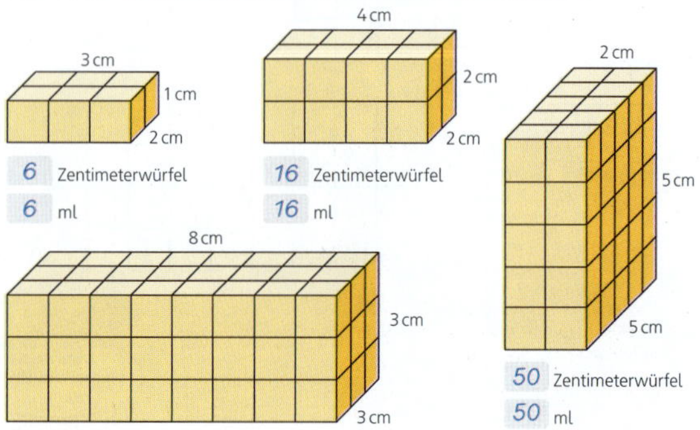

6 Zentimeterwürfel
6 ml

16 Zentimeterwürfel
16 ml

50 Zentimeterwürfel
50 ml

72 Zentimeterwürfel
72 ml

3 Für sein Aquarium braucht Milo 25 l destilliertes Wasser. Ein Kanister enthält 4 l. Wie viele Kanister muss er kaufen? Fülle die Tabelle aus.

Kanister	*1*	*2*	*3*	*4*	*5*	*6*	*7*	
Liter	*4 l*	*8 l*	*12 l*	*16 l*	*20 l*	*24 l*	*28 l*	

A: Milo muss *7* Kanister kaufen.

Gewichte (Massen)

1 Setze ein. Benutze die Begriffe auf den Karten.

wiegt mehr als | wiegt weniger als | wiegt genauso viel wie

Ein Elefant *wiegt mehr als* ein Gnu.
Ein Fahrrad *wiegt weniger als* ein Auto.
Eine große Maus *wiegt weniger als* ein kleiner Bär.
Ein Kilogramm Federn *wiegt genauso viel wie* ein Kilogramm Eisen.
Ein kleiner Kühlschrank *wiegt mehr als* ein großes Eis.

2 Ordne die Gewichte zu.

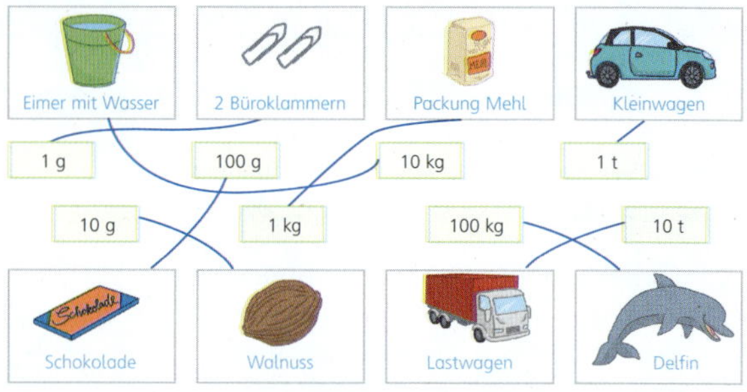

3 Die Gewichte der Gegenstände in Aufgabe 2 heißen Merkgewichte. Lerne sie auswendig. Beispiel: „Tafel Schokolade – 100 g". Lass dich abfragen.

4 Vergleiche die Bilder mit den Bildern aus Aufgabe 2. Streiche falsche Gewichtsangaben durch.

Gewichte (Massen)

1 Rechne um. Beachte den Kasten.

7 000 kg = *7* t
15 000 g = *15* kg
54 000 g = *54* kg
2 000 kg = *2* t

23 t = *23 000* kg
6 kg = *6 000* g
100 t = *100 000* kg
11 kg = *11 000* g

> 1 000 g = 1 kg
> 1 000 kg = 1 t
>
> Beispiele:
> 6 000 kg = 6 t
> 24 000 g = 24 kg

2 Rechne die Gewichte in die vorgegebene Einheit um.

6 kg 35 g = *6 000* g + *35* g = *6 035* g
25 kg 200 g = *25 000* g + *200* g = *25 200* g
60 kg 17 g = *60 000* g + *17* g = *60 017* g
7 t 200 kg = *7 000* kg + *200* kg = *7 200* kg
1 t 980 kg = *1 000* kg + *980* kg = *1 980* kg

27 777 g = *27* kg *777* g
1 001 kg = *1* t *1* kg
11 735 g = *11* kg *735* g
44 400 kg = *44* t *400* kg
25 500 g = *25* kg *500* g

3 Rechne um und addiere schriftlich.

28 kg 350 g + 6 kg 700 g: 28 350 g + 6 700 g = *35 050 g*

9 kg 28 g + 111 kg 222 g: 9 028 g + 111 222 g = *120 250 g*

74 t 200 kg + 25 t 805 kg: 74 200 kg + 25 805 kg = *100 005 kg*

4 Fülle die Tabellen aus. Rechne bei ★ in die größere Einheit um.

Lollis	Gewicht
1	*12 g*
10	*120 g*
100	*1 200 g*
1 000	★ *12 000 g = 12 kg*
10 000	*120 kg*
100 000	*1 200 kg*

Melonen	Gewicht
1	*2 500 g*
10	★ *25 000 g = 25 kg*
100	*250 kg*
1 000	*2 500 kg*
10 000	★ *25 000 kg = 25 t*
100 000	*250 t*

5 Ein Lastwagen wiegt 11 t 500 kg, der Anhänger 9 t 400 kg. Wie viel wiegen Lastwagen und Anhänger zusammen?

A: Lastwagen und Anhänger wiegen zusammen *20* t *900* kg.

Rechnen mit Größen – einfache Fermiaufgaben

1 Ein mittelgroßes Auto kostet etwa 30 000 €. Herr Seltsam möchte es mit 1-Cent-Münzen bezahlen. Wie schwer ist das Geld dann?

1 € = 100 ct | zehn 1-Cent-Münzen wiegen 23 g

Fülle die Tabellen aus. Rechne bei ★ um.

Euro	1-Cent-Münzen
1	*100*
10	*1 000*
100	*10 000*
1 000	*100 000*
10 000	*1 000 000*
30 000	*3 000 000*

Anzahl der 1-Cent-Münzen	Gewicht
10	*23 g*
100	*230 g*
1 000	*2 300 g*
10 000	★ *23 000 g = 23 kg*
100 000	*230 kg*
1 000 000	*2 300 kg*
3 000 000	*6 900 kg*

A: Die Münzen wiegen zusammen *6* t *900* kg.

2 Wie weit kann man zählen, wenn man um 8 Uhr anfängt und um 18 Uhr aufhört?

Um eine große Zahl auszusprechen, benötigt man ungefähr 5 Sekunden.

Wie lange dauert es von 8 Uhr bis 18 Uhr? A: *10* Stunden.

1 h = 3 600 s, also sind *10* h = *36 000* s

	Zeit	Anzahl von Zahlen	
· 2	5 s	*1*	· 2
· *10*	10 s	*2*	· *10*
· *10*	100 s	*20*	· *10*
· *6*	1 000 s	*200*	· *6*
· *6*	6 000 s	*1 200*	· *6*
	36 000 s	*7 200*	

A: Man könnte bis *7 200* zählen.

Rechenregeln

1 Unterstreiche die Malaufgabe oder die Geteiltaufgabe. Rechne.

7 + 4 · 3 =	7	+	12	=	19
8 : 2 − 4 =	4	−	4	=	0
10 · 5 − 1 =	50	−	1	=	49
12 + 9 : 3 =	12	+	3	=	15
23 − 12 : 2 =	23	−	6	=	17
9 · 7 + 36 =	63	+	36	=	99
27 : 3 + 6 =	9	+	6	=	15
90 − 4 · 4 =	90	−	16	=	74

~~15~~ ~~99~~ ~~19~~ ~~49~~ ~~0~~ ~~74~~ ~~15~~ ~~17~~

2 Kreuze das richtige Ergebnis an.

27 : 3 + 1 · 4 = ☒ 13 ☐ 40	8 + 4 − 6 · 2 = ☒ 0 ☐ 12	25 − 5 : 5 + 4 = ☐ 11 ☒ 28	2 · 2 + 2 : 2 = ☐ 3 ☒ 5
3 : 3 + 3 · 3 = ☒ 10 ☐ 12	24 − 6 : 3 + 3 = ☐ 11 ☒ 25	2 · 3 + 5 + 10 = ☐ 20 ☒ 21	18 : 2 − 6 : 3 = ☐ 1 ☒ 7

3 Setze die Rechenzeichen so, dass das vorgegebene Ergebnis herauskommt.*

20 · 5 − 5 = 95	24 − 12 · 2 = 0	4 + 4 + 4 − 4 = 8
20 + 5 · 5 = 45	24 − 12 : 2 = 18	4 + 4 + 4 + 4 = 16
20 · 5 : 5 = 20	24 + 12 · 2 = 48	4 + 4 + 4 : 4 = 9
20 · 5 + 5 = 105	10 + 10 + 10 = 30	4 · 4 + 4 · 4 = 32
20 − 5 : 5 = 19	10 · 10 + 10 = 110	4 · 4 + 4 + 4 = 24
20 : 5 + 5 = 9	10 · 10 − 10 = 90	4 : 4 + 4 : 4 = 2

* Andere Lösungen sind teilweise möglich.

Rechenregeln – Klammern

1 Rechne. Beachte die Klammern.

(2 + 4) · 100 = 600	40 · (3 + 17) = 800
(40 + 16) : 8 = 7	84 : (4 − 2) = 42
100 : (14 − 4) = 10	(96 − 36) : 10 = 6
7 · (77 + 23) = 700	(25 + 15) · 30 = 1 200

2 Immer 2 Aufgaben haben das gleiche Ergebnis. Verbinde.

27 · (61 − 4) — (19 + 8) · 57
(399 + 37) · 7 — (15 − 8) · 436
(10 − 1) · 46 — (20 + 26) · 9
(17 − 13) · 524 — (320 + 204) · 4

3 Rechne. Beachte zuerst die Klammern. Rechne danach Mal und Geteilt. Rechne zuletzt Plus und Minus.

(7 + 6) · 10 = 130	40 : 4 + 6 = 16	4 + (3 · 5) = 19
7 + 6 · 10 = 67	40 : (4 + 6) = 4	4 + 3 · 5 = 19
7 + (6 · 10) = 67	(40 : 4) + 6 = 16	(4 + 3) · 5 = 35

4 Rechne schriftlich. Du benötigst jeweils 2 Rechnungen.

(5 256 + 3 827) · 7 = 63 581 5 256 + 3 827 · 7 = 22 045

```
  5256      9083 · 7      3827 · 7      26789
+ 3827      63581         26789       +  5256
  1 1                                   1111
  9083                                  32045
```


Vierecksarten

1 Markiere die rechten Winkel mit ∟. Färbe parallele Seiten in derselben Farbe.

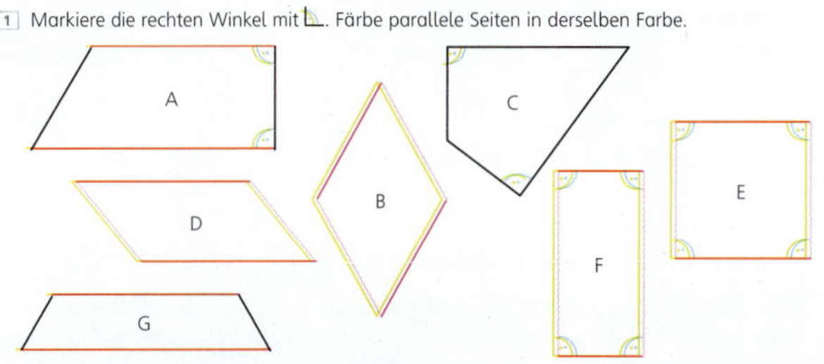

2 Notiere die Buchstaben der Figuren, die in Frage kommen.

Diese Vierecke sind Trapeze: A, B, D, E, F, G

Diese Vierecke sind Parallelogramme: B, D, E, F

Diese Vierecke sind Rechtecke: E, F

Dieses Viereck ist ein Quadrat: E

3 Vierecke, die zwei Paare benachbarter Seiten haben, die gleich lang sind, heißen **Drachenviereck**.

B, C und E sind Drachenvierecke.

4 Bei **Rauten** sind alle Seiten gleich lang.

B und E sind Rauten.

Koordinaten

1 Schreibe die Rechtswerte und die Hochwerte der Punkte in die Klammern.

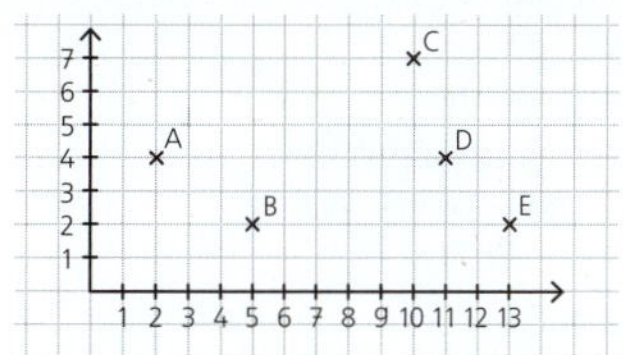

A(2 / 4)
B(5 / 2)
C(10 / 7)
D(11 / 4)
E(13 / 2)

2 Zeichne die Punkte in das Koordinatensystem.

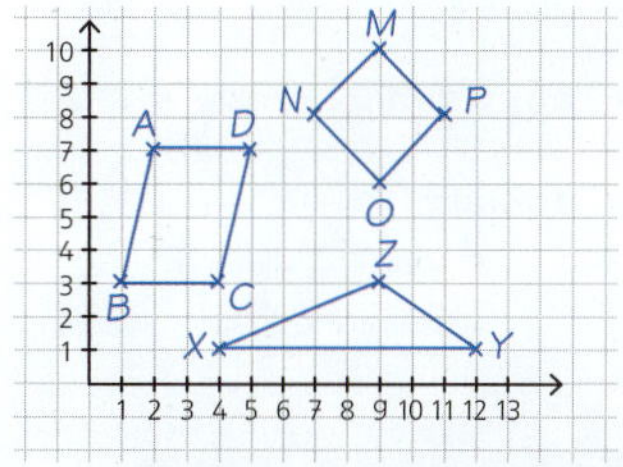

A(2/7), B(1/3), C(4/3) und D(5/7)

M(9/10), N(7/8), O(9/6) und P(11/8)

X(4/1), Y(12/1) und Z(9/3)

3 Verbinde. Welche Form ist es?

a) Verbinde A, B, C und D miteinander. Du erhältst ein Parallelogramm.

b) Verbinde M, N, O und P miteinander. Du erhältst ein Quadrat.

c) X, Y und Z sind die Ecken eines stumpfwinkligen Dreiecks.

Winkelmessung

So heißen die Teile eines Winkels:

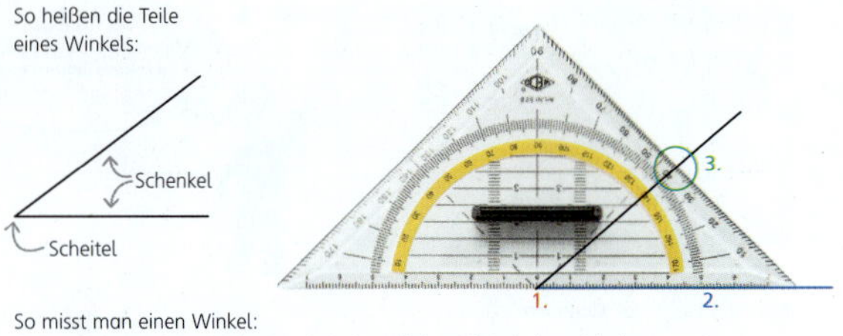

So misst man einen Winkel:
1. Lege den Nullpunkt des Geodreiecks auf den Scheitel des Winkels.
2. Drehe das Geodreieck, bis seine Kante auf dem Schenkel des Winkels liegt und dabei der andere Schenkel unter dem Geodreieck ist.
3. Lies die Winkelskala des Geodreiecks dort ab, wo der andere Schenkel sie schneidet. Nimm die Skala, die beim ersten Schenkel bei 0 beginnt.

1 Miss und notiere die spitzen Winkel. Spitze Winkel sind kleiner als 90°.

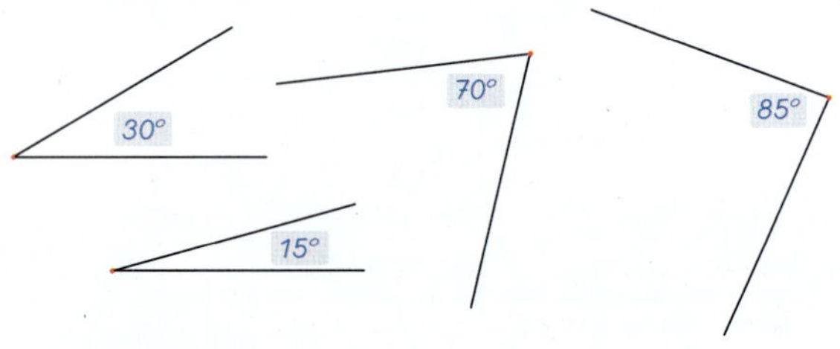

2 Miss und notiere die stumpfen Winkel. Stumpfe Winkel sind größer als 90° und kleiner als 180°.

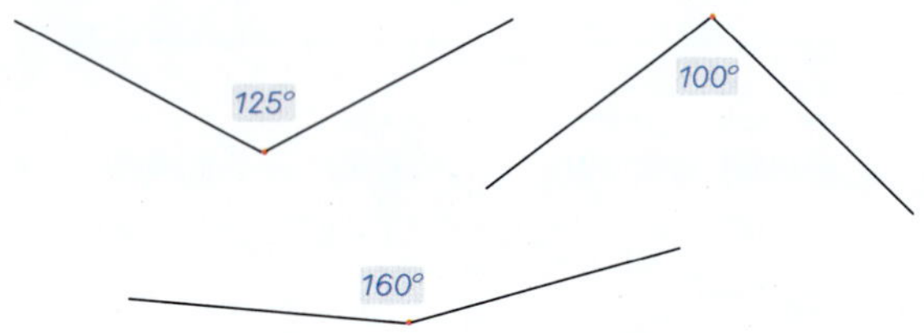

Geometrie – Vernetzung der Themen

1 a) Zeichne die vier Punkte A, B, C und D in das Koordinatensystem.

A(1/1), B(6/1), C(6/5), D(1/5)

b) Verbinde die Punkte zu einem Rechteck. Berechne den Umfang des Rechtecks.

U = 18 cm

c) Berechne die Fläche des Rechtecks.

F = 20 cm²

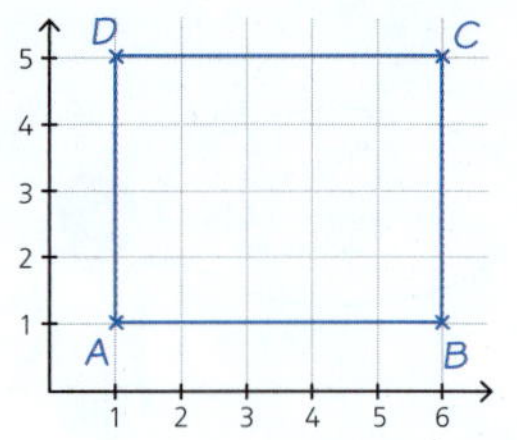

2 a) Trage die Punkte P(2/6), Q(7/1) und R(13/7) in das Koordinatensystem ein. Verbinde sie zu einem Dreieck.

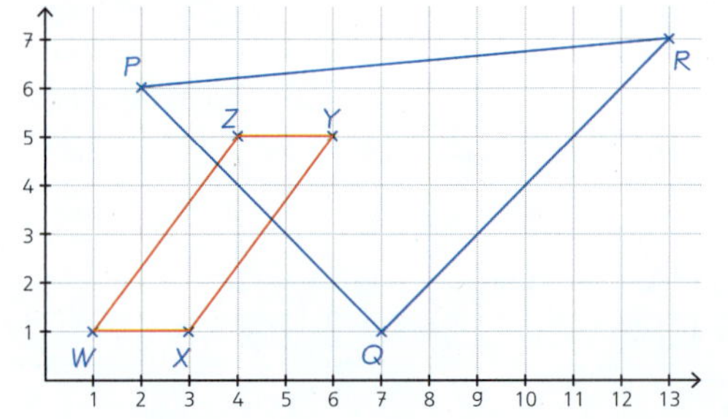

b) Miss die Winkel des Dreiecks.

Winkel bei P: 50° Winkel bei Q: 90° Winkel bei R: 40°

c) Ergänze: Das Dreieck ist ein rechtwinkliges Dreieck.

3 a) Zeichne die Punkte W(1/1), X(3/1), Y(6/5) und Z(4/5) in das Koordinatensystem von Aufgabe 2. Verbinde sie zu einem Viereck. Benutze einen roten Stift.

b) Welche Art von Viereck ist es? A: Es ist ein Parallelogramm.

c) Berechne den Umfang.

U = 2 cm + 2 cm + 5 cm + 5 cm = 14 cm

Wiederholen und festigen

1 Trage die Zahlen in die Stellenwerttabelle ein.

	Bio			Mrd			Mio			HT	ZT	T	H	Z	E
404 Milliarden 392 Millionen 99 Tausend 320				4	0	4	3	9	2	0	9	9	3	2	0
11 Billionen 321 Milliarden 2 Millionen 229		1	1	3	2	1	0	0	2	0	0	0	2	2	9
800 Billionen 80 Milliarden 800 Tausend 88	8	0	0	0	8	0	0	0	0	8	0	0	0	8	8

2 Schreibe auf, wie die Zahl heißt. Setze auch die kleinen Punkte.

2.731.204.960 2 Milliarden 731 Millionen 204 Tausend 960
122.000.043.320.000 122 Billionen 43 Millionen 320 Tausend
3.302.624.438 3 Milliarden 302 Millionen 624 Tausend 438

3 Runde die Zahlen auf die angegebenen Stellenwerte.

auf Zehntausender: 27.318.247 ≈ 27 320 000
auf Billionen: 26.547.296.328.411 ≈ 27 000 000 000 000

4 Multipliziere die obere Aufgabe schriftlich.

81 · 7 = 567 576 · 6 = 3 456 2 469 · 5 = 12 345

81 · 7 = 567; 576 · 6 = 3456; 2469 · 5 = 12345

81 · 7 000 = 567 000 576 · 600 = 345 600 2 469 · 50 = 123 450

5 Rechne. Wandle dann dein Ergebnis in die angegebene Einheit um.

200 · 7 mm = 1400 mm = 140 cm 5 · 40 cm = 200 cm = 2 m
8 · 500 m = 4 000 m = 4 km 400 · 2 mm = 800 mm = 80 cm

6 Beantworte die Fragen zum Kalender.

Wie heißt der Monat nach Oktober? November
Wie heißt der 3. Monat? März
Wie viele Tage hat der Juni? 30 Tage

7 Die Weihnachtsferien dauern 16 Tage. Wie viele Wochen und Tage sind das?

A: Die Weihnachtsferien dauern 2 Wochen und 2 Tage.

Wiederholen und festigen

8 Berechne den Flächeninhalt der Form. Unterteile dafür die Form mit einem Trennstrich. Miss die Länge der Seiten und notiere sie.

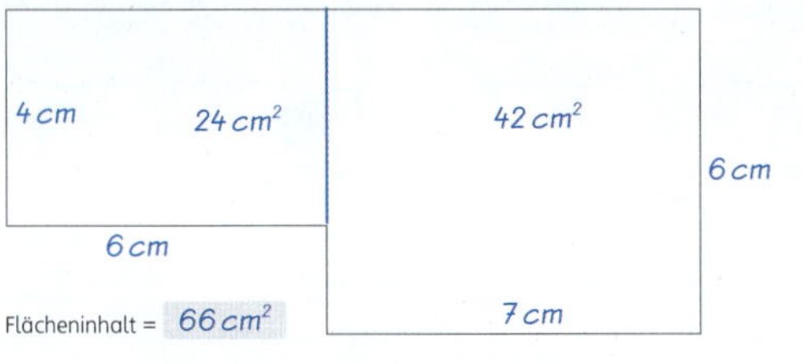

Flächeninhalt = 66 cm²

9 Wie viel Wasser passt in die Gegenstände?

Trinkglas: 250 ml Badewanne: 150 l Tintenpatrone: 1 ml

10 Notiere die Gewichte.

Walnuss: 10 g Lastwagen: 10 t Delfin: 100 kg

11 Rechne um und addiere schriftlich.

48 kg 450 g + 2 kg 560 g: 48450 g + 2560 g = 51010 g
12 t 600 kg + 15 t 750 kg: 12600 kg + 15750 kg = 28350 kg
22 kg 534 g + 927 g: 22534 g + 927 g = 23461 g

12 Rechne. Beachte die Regel von Seite 42.

9 + 2 · 4 = 9 + 8 = 17
6 : 3 + 3 = 2 + 3 = 5
20 – 2 · 5 = 20 – 10 = 10
40 : 8 + 25 = 5 + 25 = 30
9 + 1 · 21 = 9 + 21 = 30
17 – 16 : 4 = 17 – 4 = 13

13 Rechne. Beachte die Regel von Seite 43.

9 · (7 + 3) = 90
12 : (4 + 2) = 2
(3 + 5) · 5 = 40
(9 + 9) : 9 = 2
(8 + 2) · 10 = 100
18 : (6 · 3) = 1

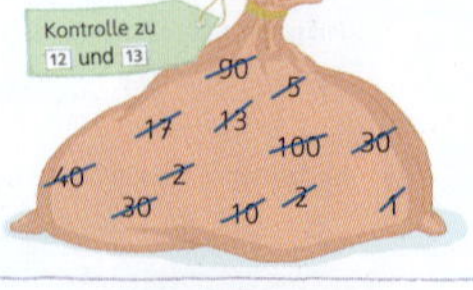

Manche Malaufgaben kann man auch kürzer aufschreiben, wenn sie nur aus gleichen Zahlen bestehen.

Potenz — 3^4 — Exponent — Basis

sprich: 3 hoch 4

Beispiel:
3 · 3 · 3 · 3 kann man als 3^4 schreiben.

Die Basis gibt an, welche Zahl mit sich selbst malgenommen wird.
Der Exponent gibt an, wie oft die Basis in der Malaufgabe steht.
Basis und Exponent zusammen heißen Potenz.

1 Ordne den Potenzen die berechneten Malaufgaben zu. Es bleiben Malaufgaben übrig, die nicht als Potenz geschrieben werden können. Streiche diese durch.

- 2^3 — 2 · 2 · 2 = 8
- 3^2 — 3 · 3 = 9
- 7^4 — 7 · 7 · 7 · 7 = 2401
- 5^5 — 5 · 5 · 5 · 5 · 5 = 3125
- 2^6 — 2 · 2 · 2 · 2 · 2 · 2 = 64
- 2^7 — 2 · 2 · 2 · 2 · 2 · 2 · 2 = 128
- 9^3 — 9 · 9 · 9 = 729

Durchgestrichen: ~~1 · 2 · 3 · 4 = 24~~, ~~2 · 7 = 14~~, ~~9 · 3 = 27~~, ~~7 · 4 = 28~~, ~~2 · 6 = 12~~

2 Schreibe die Potenz als Malaufgabe und rechne sie aus.

7^2 = 7 · 7 = 49	2^4 = 2 · 2 · 2 · 2 = 16
3^3 = 3 · 3 · 3 = 27	4^2 = 4 · 4 = 16
6^2 = 6 · 6 = 36	3^4 = 3 · 3 · 3 · 3 = 81

3 Schreibe die Potenz auf und rechne sie auf einem Notizzettel aus.

vier hoch 3 4^3 = 64	2 hoch sechs 2^6 = 64
9 hoch zwei 9^2 = 81	zehn hoch fünf 10^5 = 100 000

Die Basis ist zwei, der Exponent ist fünf. 2^5 = 32

1 Berechne die Potenzen. Rechne schriftlich.

13^3 = 2 197
Rechne: 13 · 13 · 13

```
 13 · 13
 13
  39
 ----
 169

 169 · 13
 169
  507
 ----
 2197
```

34^3 = 39 304
Rechne: 34 · 34 · 34

```
 34 · 34
 102
  136
 ----
 1156

 1156 · 34
 3468
  4624
 -----
 39304
```

88^3 = 681 472
Rechne: 88 · 88 · 88

```
 88 · 88
 704
  704
 ----
 7744

 7744 · 88
 61952
  61952
 ------
 681472
```

2 Wie heißen die Ergebnisse? Schreibe die Zahlwörter auf.

10^2 = 10 · 10 = 100 Hundert
10^3 = 10 · 10 · 10 = 1 000 Tausend
10^4 = 10 · 10 · 10 · 10 = 10 000 Zehntausend
10^5 = 10 · 10 · 10 · 10 · 10 = 100 000 Hunderttausend
10^6 = 10 · 10 · 10 · 10 · 10 · 10 = 1 000 000 eine Million
10^7 = 10 · 10 · 10 · 10 · 10 · 10 · 10 = 10 000 000 zehn Millionen

3 Verdopple die Zahl 2 so oft wie möglich. Schreibe die Aufgaben als Potenzen.

2^2 = 2 · 2 = 4
2^3 = 2 · 2 · 2 = 4 · 2 = 8
2^4 = 2 · 2 · 2 · 2 = 8 · 2 = 16
2^5 = 2 · 2 · 2 · 2 · 2 = 16 · 2 = 32
2^6 = 2 · 2 · 2 · 2 · 2 · 2 = 32 · 2 = 64
2^7 = 2 · 2 · 2 · 2 · 2 · 2 · 2 = 64 · 2 = 128
2^8 = 2 · 2 · 2 · 2 · 2 · 2 · 2 · 2 = 128 · 2 = 256
2^9 = 2 · 2 · 2 · 2 · 2 · 2 · 2 · 2 · 2 = 256 · 2 = 512
2^{10} = 2 · 2 · 2 · 2 · 2 · 2 · 2 · 2 · 2 · 2 = 512 · 2 = 1024

Wenn man eine Zahl ohne Rest durch eine andere Zahl teilen kann, heißt sie „teilbar" durch diese Zahl.

27 : 3 = 9 (ohne Rest)
Also ist 27 durch 3 teilbar.

Zahlen, die durch 2 teilbar sind, heißen „gerade Zahlen". Zahlen, die nicht durch 2 teilbar sind, heißen „ungerade Zahlen".

16 : 2 = 8 (ohne Rest) 16 ist gerade
17 : 2 = 8 Rest 1 17 ist ungerade

1 Beantworte die Fragen. Begründe damit, ob ein Rest bleibt oder nicht.

Ist 16 durch 4 teilbar?	16 : 4 = 4	A: Ja, denn es bleibt kein Rest.
Ist 30 durch 7 teilbar?	30 : 7 = 4 R2	A: Nein, denn es bleibt ein Rest.
Ist 26 durch 5 teilbar?	26 : 5 = 5 R1	A: Nein, denn es bleibt ein Rest.
Ist 60 durch 10 teilbar?	60 : 10 = 6	A: Ja, denn es bleibt kein Rest.
Ist 11 gerade?	11 : 2 = 5 R1	A: Nein, denn es bleibt ein Rest.
Ist 40 gerade?	40 : 2 = 20	A: Ja, denn es bleibt kein Rest.

2 Finde Vielfache der angegebenen Zahlen. *

Vielfache von 6	Vielfache von 20
3 · 6 = 18	6 · 20 = 120
5 · 6 = 30	3 · 20 = 60
7 · 6 = 42	4 · 20 = 80

Vielfache von 12	Vielfache von 40
7 · 12 = 84	7 · 40 = 280
6 · 12 = 72	2 · 40 = 80
13 · 12 = 156	15 · 40 = 600

Vielfache einer Zahl findest du, indem du sie mit anderen Zahlen malnimmst.
Beispiel: Vielfache von 11
2 · 11 = 22
5 · 11 = 55
8 · 11 = 88

3 Die Zahlen im Kasten sind Vielfache der angegebenen Zahlen. Schreibe sie in die richtige Zeile.

Vielfache von 5: 10, 20, 45, 15
Vielfache von 7: 14, 21, 28, 49
Vielfache von 8: 16, 32
Vielfache von 6: 12, 36, 18
Vielfache von 11: 22, 33, 44, 99

~~45~~ ~~10~~ ~~32~~ ~~16~~ ~~12~~ ~~21~~ ~~33~~ ~~99~~ ~~28~~ ~~15~~ ~~36~~ ~~14~~ ~~44~~ ~~49~~ ~~22~~ ~~20~~ ~~18~~

* Andere Lösungen sind möglich.

1 Kreise alle Zahlen, die durch 2 teilbar sind, rot ein.
Kreise alle Zahlen, die durch 5 teilbar sind, blau ein.
Kreise alle Zahlen, die durch 10 teilbar sind, grün ein.

1	2	3	4	5	6	7	8	9	10
11	12	13	14	15	16	17	18	19	20
21	22	23	24	25	26	27	28	29	30
31	32	33	34	35	36	37	38	39	40
41	42	43	44	45	46	47	48	49	50
51	52	53	54	55	56	57	58	59	60

2 Schreibe die Teilbarkeitsregeln zu Ende. Beachte Aufgabe 1.

Zahlen, die durch 2 teilbar sind, haben als letzte Ziffer eine 2, 4, 6, 8 oder 0.
Zahlen, die durch 5 teilbar sind, haben als letzte Ziffer eine 5 oder 0.
Zahlen, die durch 10 teilbar sind, haben als letzte Ziffer eine 0.

3 Kreise die durch 2, 5 und 10 teilbaren Zahlen in denselben Farben ein wie in Aufgabe 1.

64 554 1 000 625 540 504
320 555 4 712 77 323 405

Eine Zahl, die genau 2 Teiler hat, heißt **Primzahl**. Primzahlen sind nur durch 1 und sich selbst teilbar.

Beispiel:
77 = 11 · 7

77 ist keine Primzahl

4 Ist die Zahl eine Primzahl **oder** ist sie durch eine andere Zahl als 1 und sich selbst teilbar? Kreuze an.

34	☐ Primzahl	☒ keine Primzahl, weil teilbar durch 17 *
37	☒ Primzahl	☐ keine Primzahl, weil teilbar durch
55	☐ Primzahl	☒ keine Primzahl, weil teilbar durch 5 *

5 Schreibe 5 weitere Primzahlen auf. 3, 11, 31, 17, 19 **

* Weitere Teiler sind möglich.
** Weitere Zahlen sind möglich.

Anschluss finden Mathematik 5 – Lösungen (Seite 54–57)

Kombinatorik

[1] Zeichne jeweils 4 passende Türme. *

Baue Türme aus jeweils 4 Würfeln. Du darfst rote und blaue Würfel verwenden.

Baue Türme aus zwei grünen und zwei lila Würfeln.

[2] Zeichne alle 12 verschiedenen Türme, die du aus □, □, □ und □ bauen kannst.

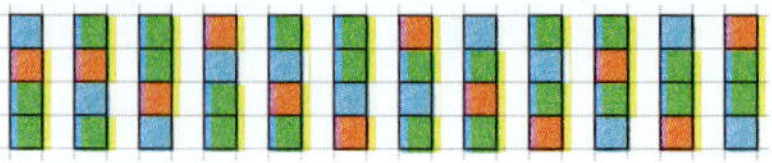

Beachte den Tipp bei Aufgabe 3.

[3] Finde alle Möglichkeiten, Türme aus den Würfeln □, □, □ und □ zu bauen.
Finde erst alle Türme mit dem grünen Würfel unten.

Tipp: Schneide 4 Quadrate aus Papier aus. Färbe sie wie die Würfel. Dann kannst du mit ihnen probieren.

[4] Du darfst Würfel in 5 verschiedenen Farben verwenden. Wie viele verschiedene Möglichkeiten gibt es, Zweiertürme zu bauen? Zeichne und zähle.

Es gibt 25 Möglichkeiten, Zweiertürme zu bauen.

* Andere Lösungen sind möglich.

Bruchteile von Maßzahlen

eine ganze Torte — eine halbe Torte — eine viertel Torte

1 Torte — $\frac{1}{2}$ Torte — $\frac{1}{4}$ Torte

[1] Halbiere die Maßzahlen.

1 kg = 1000 g; $\frac{1}{2}$ kg = 500 g

1 m = 100 cm; $\frac{1}{2}$ m = 50 cm

1 t = 1000 kg; $\frac{1}{2}$ t = 500 kg

1 min = 60 s; $\frac{1}{2}$ min = 30 s

1 Tag = 24 h; $\frac{1}{2}$ Tag = 12 h

1 l = 1000 ml; $\frac{1}{2}$ l = 500 ml

1 € = 100 ct; $\frac{1}{2}$ € = 50 ct

1 km = 1000 m; $\frac{1}{2}$ km = 500 m

[2] Schreibe die Schilder zu Ende. Halbiere von $\frac{1}{2}$ zu $\frac{1}{4}$.

1 h = 60 min
$\frac{1}{2}$ h = 30 min
$\frac{1}{4}$ h = 15 min

1 km = 1000 m
$\frac{1}{2}$ km = 500 m
$\frac{1}{4}$ km = 250 m

1 Jahr = 12 Monate
$\frac{1}{2}$ Jahr = 6 Monate
$\frac{1}{4}$ Jahr = 3 Monate

[3] Rechne.

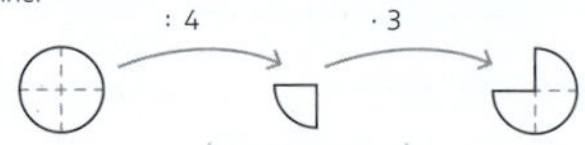

ein Ganzes (1)	ein Viertel ($\frac{1}{4}$)	drei Viertel ($\frac{3}{4}$)
1 kg	250 g	750 g
1 h	15 min	45 min
1 m	25 cm	75 cm

[4] Tim geht zum Fußballtraining. Für den Hinweg und den Rückweg benötigt er je $\frac{1}{2}$ h.
Das Training dauert $1\frac{1}{2}$ h. Wie lange ist er von zu Hause weg?

A: Er ist $2\frac{1}{2}$ h von zu Hause weg.

Bruchzahlen als Anteile

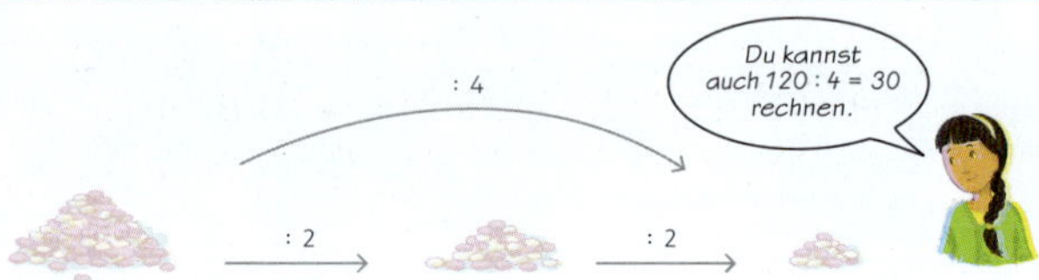

120 Schokolinsen

Die Hälfte:
120 : 2 = 60
60 Schokolinsen

Ein Viertel:
60 : 2 = 30
30 Schokolinsen

[1] Rechne immer aus, wie viel die Hälfte der Menge ist. Wie viel ist ein Viertel der Menge?

Gesamtmenge	die Hälfte der Menge	ein Viertel der Menge
120 Schokolinsen	60 Schokolinsen	30 Schokolinsen
1600 Bausteine	800 Bausteine	400 Bausteine
440 Sammelkarten	220 Sammelkarten	110 Sammelkarten
68 Buntstifte	34 Buntstifte	17 Buntstifte

[2] Setze die Hälfte oder ein Viertel ein. Rechne.

Vier Fischer haben zusammen 240 Fische gefangen. Jeder von ihnen erhält ein Viertel des Fangs. Das sind 60 Fische für jeden Fischer.

Jonas und Mira bekommen von ihrer Oma 5 € für Eis. Jeder von ihnen bekommt die Hälfte des Geldes. Das sind 2,50 € für jeden.

Aylas Familie fährt in den Urlaub. Auf der 860 km langen Strecke wechseln sich ihre Eltern am Steuer ab. Jeder fährt die Hälfte der Strecke. Das sind 430 km für jeden.

Bea, Lea, Tom und Tim teilen sich eine Melone, die 2 kg wiegt. Jeder bekommt ein Viertel der Melone. Das sind 500 g für jeden.

[3] Eddas Mutter ist Autorin. Ihr neues Buch soll 160 Seiten haben. $\frac{3}{4}$ davon hat sie bereits geschrieben. Wie viele Seiten sind das? Tipp: Berechne zunächst, wie viel $\frac{1}{4}$ der Seiten sind.

A: Eddas Mutter hat bereits 120 Seiten geschrieben.

Sprechen und Darstellen von Brüchen

Aufteilung in Viertel — Aufteilung in Neuntel

vier gleich große Teile — neun gleich große Teile

[1] In welche Bruchteile wurden die Kreise aufgeteilt? Streiche falsche Aufteilungen durch.

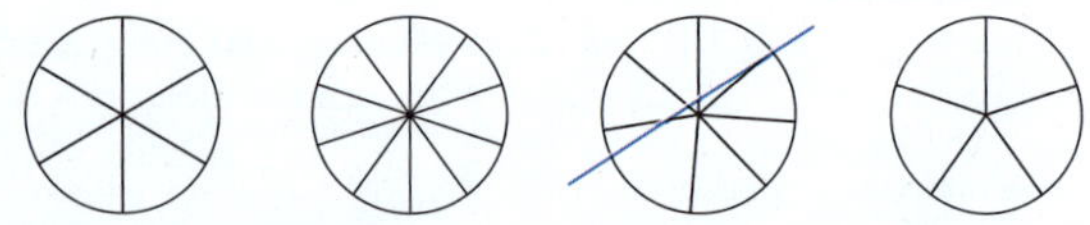

Aufteilung in Sechstel — Aufteilung in Zehntel — Aufteilung in – — Aufteilung in Fünftel

zwei Teile ⟶ Halb(e)
drei Teile ⟶ Drittel
Bei 4, …, 19 Teilen ⟶ … tel anhängen
Bei 20, 21, 22 … Teilen ⟶ … stel anhängen

[2] In welche Bruchteile wurden die Quadrate aufgeteilt?

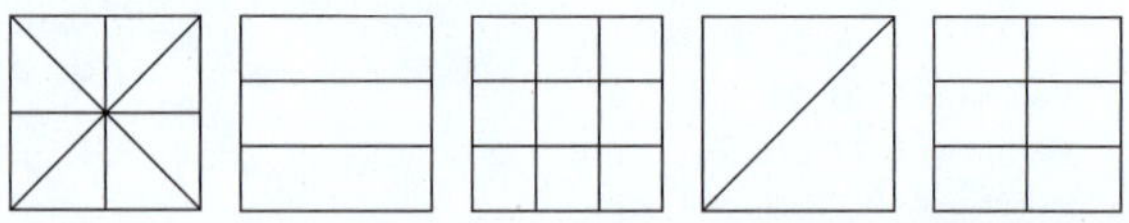

Achtel — Drittel — Neuntel — Halbe — Sechstel

Sprechen und Darstellen von Brüchen

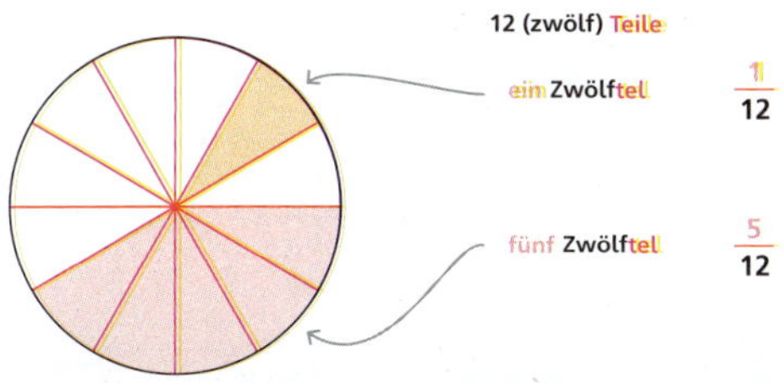

1 Welcher Anteil ist eingefärbt? Kreuze die richtige Sprechweise an.

a) 

- zwei Dreitel
- drei Zweitel
- X zwei Drittel

b) 

- X vier Fünftel
- fünf Viertel
- ein Fünftel

c) 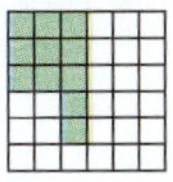

- ein Sechsunddreißigtel
- X elf Sechsunddreißigstel
- elf Sechsunddreißigtel

2 Schreibe die Bruchzahl. Ergänze.

a) sieben Halbe $\frac{7}{2}$

b) neun Neunzehntel $\frac{9}{19}$

c) acht *Neuntel* $\frac{8}{9}$

d) ein *Hundertstel* $\frac{1}{100}$

e) *vier* *Drittel* $\frac{4}{3}$

f) *ein* *Dreißigstel* $\frac{1}{30}$

3 Färbe die im Kasten genannten Bruchteile im richtigen Kreis oder Quadrat.

$\frac{1}{4}$ acht Elftel $\frac{2}{3}$ fünf Sechstel $\frac{5}{8}$ $\frac{2}{5}$

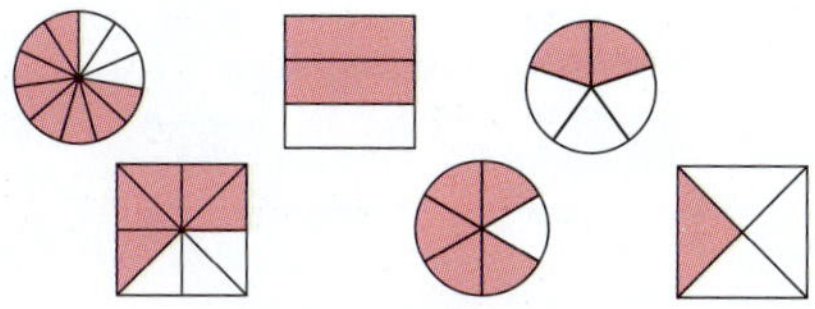

Bruchzahlen – Vorübungen zum Erweitern und Kürzen

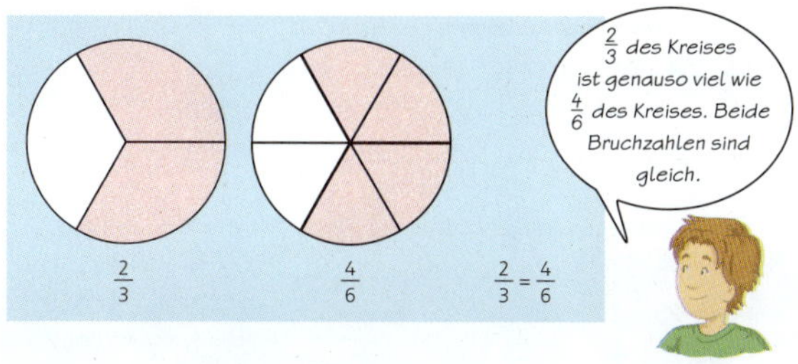

1 In beiden Feldern soll derselbe Anteil gefärbt sein. Schreibe auch die fehlenden Bruchzahlen auf.

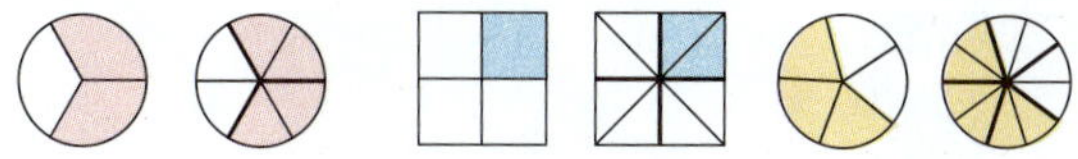

$\frac{2}{3} = \frac{4}{6}$ $\frac{1}{4} = \frac{2}{8}$ $\frac{3}{5} = \frac{6}{10}$

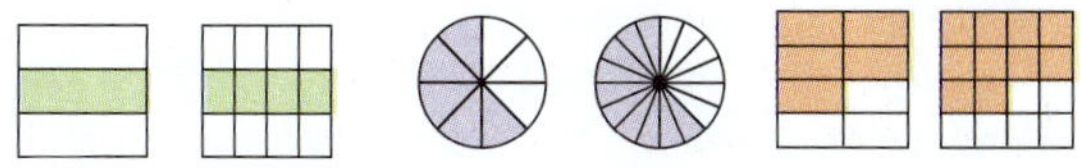

$\frac{1}{3} = \frac{4}{12}$ $\frac{5}{8} = \frac{10}{16}$ $\frac{5}{8} = \frac{10}{16}$

2 Welche Bruchzahl ist größer? Zeichne ein und vergleiche die gefärbten Bereiche. Setze auch >, < oder = ein.

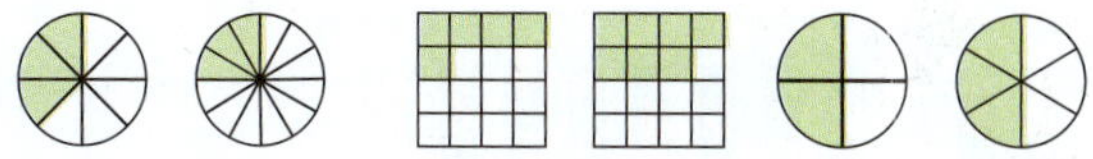

$\frac{3}{8} > \frac{3}{12}$ $\frac{5}{16} < \frac{7}{16}$ $\frac{2}{4} = \frac{3}{6}$

Dezimalbrüche

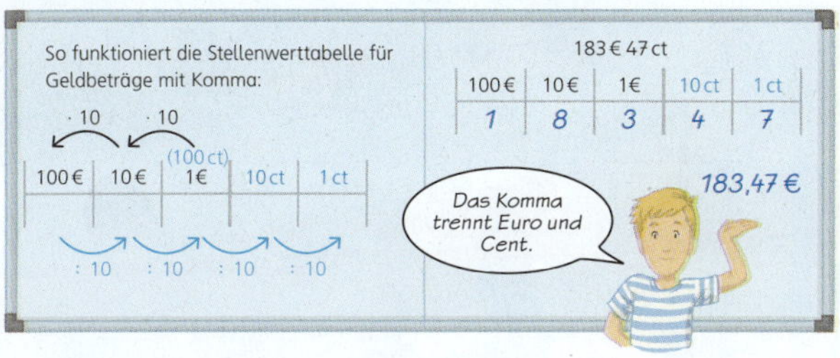

1 Trage die Geldbeträge in die Stellenwerttabelle ein. Notiere auch mit Komma.

	1000 €	100 €	10 €	1 €	10 ct	1 ct	
404 € 7 ct		4	0	4	0	7	404,07 €
1 663 € 36 ct	1	6	6	3	3	6	1663,36 €
40 € 11 ct			4	0	1	1	40,11 €
678 € 1 ct		6	7	8	0	1	678,01 €
1 000 € 99 ct	1	0	0	0	9	9	1000,99 €
770 € 70 ct		7	7	0	7	0	770,70 €

2 Schreibe die Geldbeträge mit Komma.

153,96 €

601,08 €

0,08 €

3 Schreibe die Geldbeträge mit Komma und addiere schriftlich.

27 € + 6 € 89 ct

```
  27,00 €
+  6,89 €
   1
  33,89 €
```

507 € 76 ct + 492 € 24 ct

```
  507,76 €
+ 492,24 €
  1 1 1 1
 1000,00 €
```

61 € 5 ct + 9 € 99 ct

```
  61,05 €
+  9,99 €
  1 1 1
  71,04 €
```


Dezimalbrüche

1 Trage die Längen in die Stellenwerttabelle ein und ergänze die fehlende Angabe.

	1 000 m	100 m	10 m	1 m	10 cm	1 cm	
26 m 24 cm			2	6	2	4	26,24 m
900 m 40 cm		9	0	0	4	0	900,40 m
542 m 14 cm		5	4	2	1	4	542,14 m
1 133 m 0 cm	1	1	3	3	0	0	1 133,00 m
0 m 27 cm					2	7	0,27 m

2 Schreibe die Längen oder die Geldwerte auf 2 verschiedene Arten.

Länge oder Geldwert	mit Komma	ohne Komma
sieben Komma null vier Euro	7,04 €	7 € 4 ct
dreiundzwanzig Meter und zwanzig Zentimeter	23,20 m	23 m 20 cm
eintausendfünfhundert Euro und ein Cent	1 500,01 €	1500 € 1 ct
sechshundertdreißig Komma zwei zwei Meter	630,22 m	630 m 22 cm
achtzehn Komma neun vier Euro	18,94 €	18 € 94 ct

3 Färbe im Millimeterpapier das angegebene Flächenmaß.

	1 cm²	0,1 cm²	0,01 cm²
1,49 cm²	1	4	9
5,04 cm²	5	0	4
2,97 cm²	2	9	7

Anschluss finden Mathematik 5 – Lösungen (Seite 62–63)

Wiederholen und festigen

50 **1** Schreibe die Potenz als Malaufgabe und rechne sie aus.

8^2 = 8 · 8 = 64
1^4 = 1 · 1 · 1 · 1 = 1
6^2 = 6 · 6 = 36
9^2 = 9 · 9 = 81
10^3 = 10 · 10 · 10 = 1000
2^5 = 2 · 2 · 2 · 2 · 2 = 32

51 **2** Berechne die Potenzen. Rechne schriftlich.

23^3 = 12 167

Rechne: 23 · 23 · 23

```
23 · 23
   46
    69
   529

529 · 23
 1058
  1587
 12167
```

52 **3** Finde Vielfache der Zahl 50. *

3 · 50 = 150
10 · 50 = 500
7 · 50 = 350
12 · 50 = 600

52 **4** Kreise alle Primzahlen ein.

(11) 16 (13) 18 15 10 (17) (19) 14 12 20

52 **5** Beantworte die Fragen. Begründe damit, ob ein Rest bleibt oder nicht.

Ist 100 durch 10 teilbar? 100 : 10 = 10 A: Ja, denn es bleibt kein Rest.
Ist 26 durch 6 teilbar? 26 : 6 = 4 R2 A: Nein, denn es bleibt ein Rest.
Ist 19 durch 1 teilbar? 19 : 1 = 19 A: Ja, denn es bleibt kein Rest.

53 **6** Kreise ein: durch 2 teilbare Zahlen rot, durch 5 teilbare Zahlen blau, durch 10 teilbare Zahlen grün.

(16) (60) (85) 117 (222) (240) (265) (505) (664)

54 **7** Finde alle Möglichkeiten, mit ▢, ▢, ▢, ▢ und ▢ Fünfertürme zu bauen.

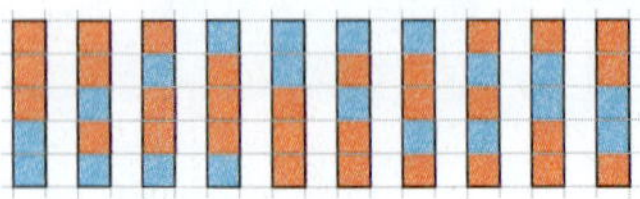

Es gibt 10 verschiedene Möglichkeiten, Fünfertürme zu bauen.

* Andere Lösungen sind möglich.

Wiederholen und festigen

55 **8** Ergänze die Zahlen.

$\frac{1}{2}$ h = 30 min $\frac{1}{2}$ l = 500 ml $\frac{1}{2}$ kg = 500 g $\frac{1}{2}$ € = 50 ct

58 **9** Färbe die im Kasten genannten Bruchteile im richtigen Kreis oder Quadrat.

ein Sechstel $\frac{3}{16}$ $\frac{2}{7}$ vier Neuntel $\frac{7}{12}$ sieben Achtel

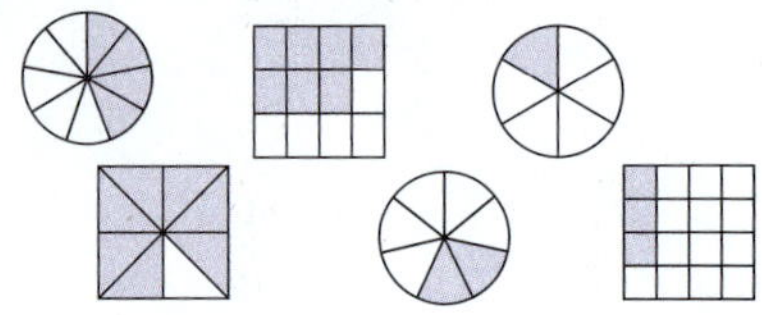

59 **10** In beiden Feldern soll derselbe Anteil gefärbt sein.
Schreibe auch die fehlenden Bruchzahlen auf.

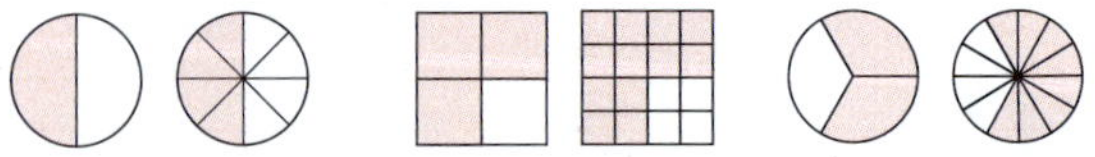

$\frac{1}{2} = \frac{4}{8}$ $\frac{3}{4} = \frac{12}{16}$ $\frac{2}{3} = \frac{8}{12}$

60 **11** Trage die Geldbeträge in die Stellenwerttabelle ein. Notiere auch mit Komma.

	1000 €	100 €	10 €	1 €	10 ct	1 ct	
2 300 € 26 ct	2	3	0	0	2	6	2 300,26 €
148 € 3 ct		1	4	8	0	3	148,03 €
89 ct					8	9	0,89 €
9 990 € 90 ct	9	9	9	0	9	0	9 990,90 €
731 €		7	3	1	0	0	731,00 €

60 **12** Schreibe die Geldbeträge mit Komma und addiere schriftlich.

299 € 7 ct + 26 € 86 ct

```
  299,07 €
+  26,86 €
  325,93 €
```

4 € 96 ct + 222 € 15 ct

```
    4,96 €
+ 222,15 €
  227,11 €
```

321 € 1 ct + 9 € 99 ct

```
  321,01 €
+   9,99 €
  331,00 €
```

22 **1** Runde die Zahlen auf die angegebenen Stellenwerte. Beachte auch die Regeln von Seite 22.

auf Zehnmillionen:	381425370 ≈	
auf Hunderttausender:	48376452 ≈	
auf Zehner:	113210046 ≈	
auf Milliarden:	8292643475 ≈	
auf Hundertmillionen:	6494920884 ≈	
auf Millionen:	167772160 ≈	

2 In der Tabelle siehst du, wie viele Einwohner die größten EU-Länder Mitte des Jahres 2018 hatten. Runde die Zahlen auf Zehnmillionen und zeichne das Diagramm.

Land	Einwohner	gerundet
	81376000	
	65274000	
	65950000	
	59942000	
	38642000	
	45858000	

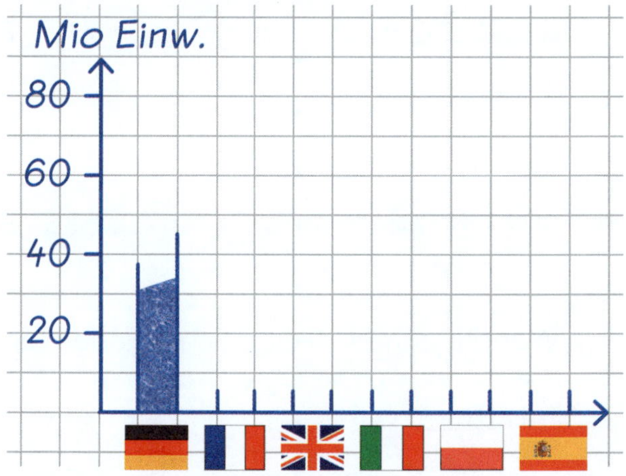

3 Wie viele Einwohner hatten die sechs größten EU-Länder Mitte 2018 zusammen? Addiere schriftlich. Benutze die genauen Einwohnerzahlen aus Aufgabe 2.

81376000

\+

A: ______________________________

4 Die Zahlen in der Tabelle aus Aufgabe 2 sind bereits gerundet. Nenne jeweils eine Zahl, die auf diese Zahlen gerundet werden kann.

______	≈ 81376000	______	≈ 38642000
______	≈ 59942000	______	≈ 45858000
______	≈ 65950000	______	≈ 65274000

1 Rechne. Denke an die Tauschaufgabe.

425 · 10 =
100 · 425 =
425 · 1 000 =

90 · 4 000 =
90 · 400 =
900 · 400 =

28 · 2 =
28 · 20 =
2 000 · 28 =

2 Multipliziere die obere Aufgabe schriftlich.

48 · 6 =

48 · 6

48 · 6 000 =

713 · 8 =

713 · 8

713 · 800 =

354 · 5 =

354 · 5

354 · 5 000 =

3 Rechne. Nutze einen Notizzettel für die schriftliche Multiplikation.

492 · 200 =
625 · 6 000 =
900 · 5 724 =

4 Wandle immer in die nächstgrößere Einheit um. Beachte den Kasten.

120 mm =
3 000 m =
600 cm =
2 400 mm =

17 000 m =
610 mm =
4 000 cm =
2 000 m =

10 mm = 1 cm
100 cm = 1 m
1 000 m = 1 km

Beispiele:
80 mm = 8 cm
2 000 cm = 20 m

5 Rechne. Manchmal hilft die Tauschaufgabe.

6 · 200 m = m
300 · 8 cm = cm

2 000 · 4 mm = mm
60 · 80 m = m

12 · 200 € = €
50 · 90 ct = ct

6 Rechne. Wandle dann dein Ergebnis um wie in Aufgabe 4.

5 · 400 m = m = km
30 · 50 cm = cm = m

6 · 3 000 m = m = km
60 · 6 mm = mm = cm

7 Ein Gehweg besteht aus 70 Platten, die je 40 cm lang sind. Wie lang ist der Weg?

L:

A: Der Weg ist m lang.

Das ist ein Zentimeterquadrat: 

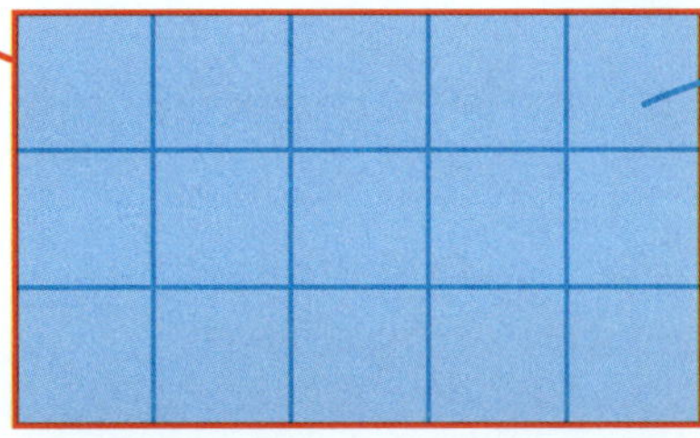

Der **Umfang** einer Form gibt an, wie lang der Rand insgesamt ist.

Du hast den Umfang auf Seite 18 kennengelernt.

Umfang = 16 cm
Flächenmaß = 15 cm^2

sprich: Quadratzentimeter

Das **Flächenmaß** einer Form gibt an, in wie viele Zentimeterquadrate sich die Form zerlegen lässt.
Das Flächenmaß gibt also an, wie viel Platz in der Form ist.

1 Zeichne die Trennlinien zwischen den Zentimeterquadraten ein. Bestimme das Flächenmaß.

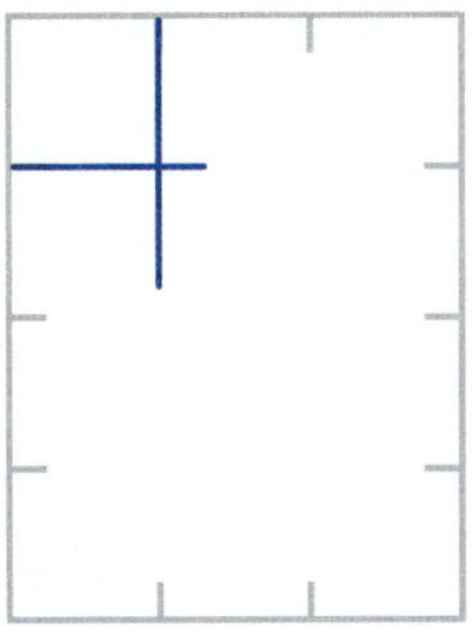

Flächenmaß = ____ cm^2

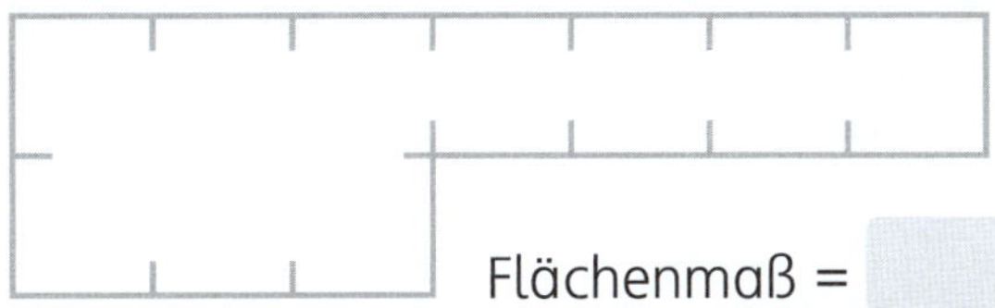

Flächenmaß = ____ cm^2

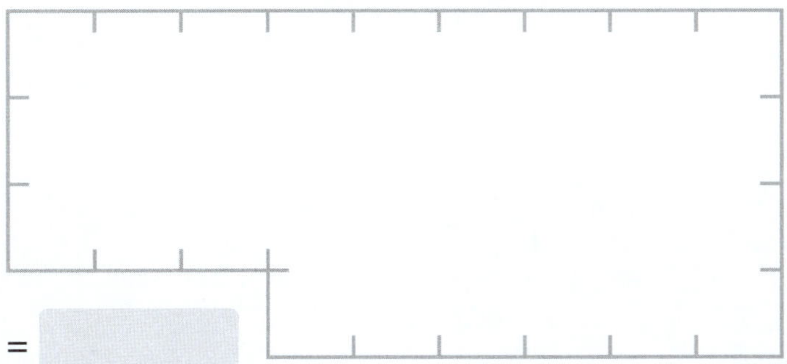

Flächenmaß = ____

2 Berechne den Umfang und das Flächenmaß der Rechtecke.

Größe der Seiten	Umfang	Flächenmaß
Länge = 3 cm Breite = 10 cm	____ cm	____ cm^2
Länge = 7 cm Breite = 7 cm	____ cm	____ cm^2
Länge = 20 cm Breite = 50 cm	____ cm	____ cm^2

3 Ein DIN-A4-Blatt ist 21 cm breit und 30 cm lang. Wie groß ist sein Flächenmaß?

A: Das Flächenmaß eines DIN-A4-Blattes beträgt ____.

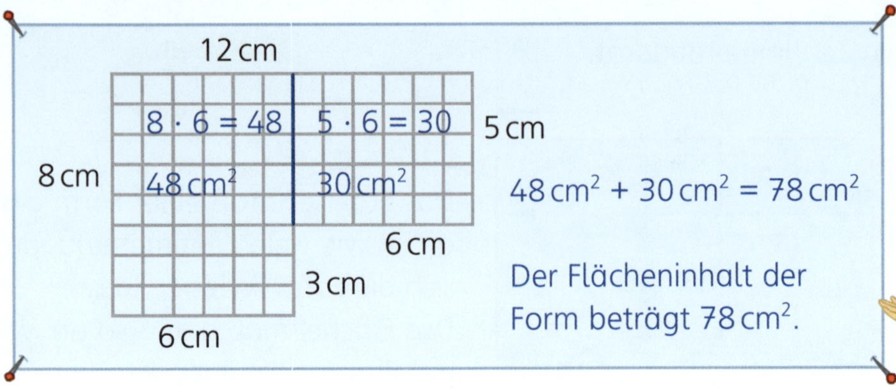

1 Berechne den Flächeninhalt der Formen. Unterteile dafür die Formen mit einem Trennstrich. Miss die Länge der Seiten und notiere sie.

Flächeninhalt =

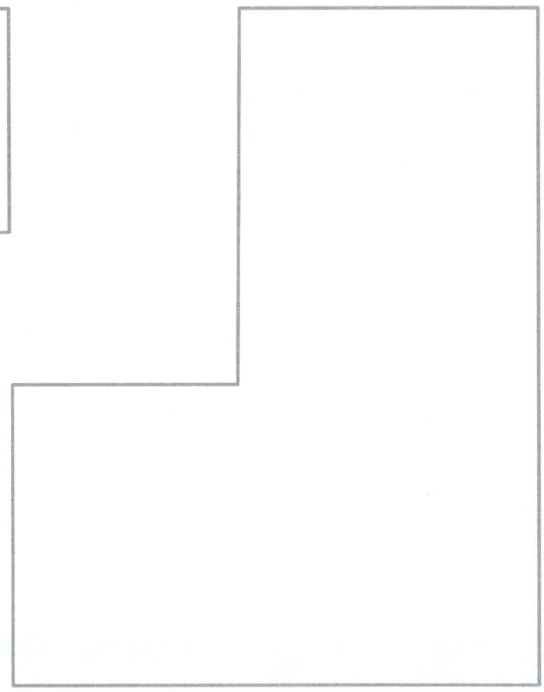

Flächeninhalt =

2 Bei diesen Formen sollst du nicht rechnen.
Zeichne nur Trennlinien ein, sodass Rechtecke entstehen.

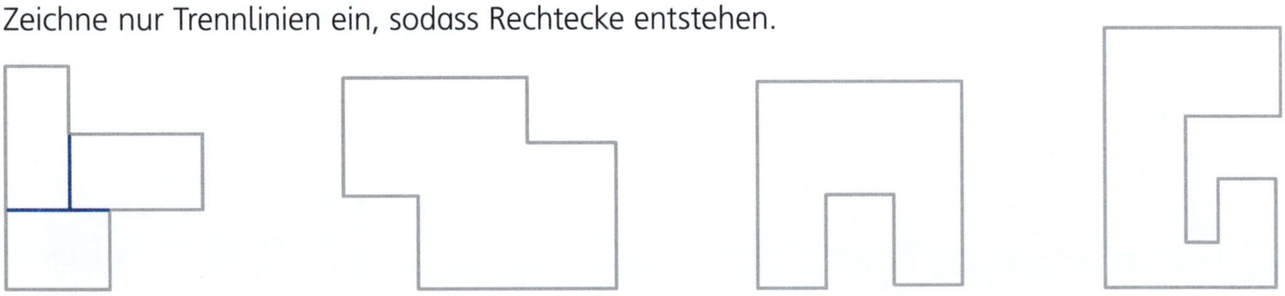

3 Ein Quadratmeter ist der Flächeninhalt eines Quadrates, das 1 m lang und 1 m breit ist.
Wie viele Quadratzentimeter ist ein Quadratmeter?

$\_\_\_ \cdot \_\_\_ = \_\_\_$ A: $1\,m^2 = \_\_\_\,cm^2$

2019

Januar

Mo	Di	Mi	Do	Fr	Sa	So
	1	2	3	4	5	6
7	8	9	10	11	12	13
14	15	16	17	18	19	20
21	22	23	24	25	26	27
28	29	30	31			

Februar

Mo	Di	Mi	Do	Fr	Sa	So
				1	2	3
4	5	6	7	8	9	10
11	12	13	14	15	16	17
18	19	20	21	22	23	24
25	26	27	28			

März

Mo	Di	Mi	Do	Fr	Sa	So
				1	2	3
4	5	6	7	8	9	10
11	12	13	14	15	16	17
18	19	20	21	22	23	24
25	26	27	28	29	30	31

April

Mo	Di	Mi	Do	Fr	Sa	So
1	2	3	4	5	6	7
8	9	10	11	12	13	14
15	16	17	18	19	20	21
22	23	24	25	26	27	28
29	30					

Mai

Mo	Di	Mi	Do	Fr	Sa	So
		1	2	3	4	5
6	7	8	9	10	11	12
13	14	15	16	17	18	19
20	21	22	23	24	25	26
27	28	29	30	31		

Juni

Mo	Di	Mi	Do	Fr	Sa	So
					1	2
3	4	5	6	7	8	9
10	11	12	13	14	15	16
17	18	19	20	21	22	23
24	25	26	27	28	29	30

Juli

Mo	Di	Mi	Do	Fr	Sa	So
1	2	3	4	5	6	7
8	9	10	11	12	13	14
15	16	17	18	19	20	21
22	23	24	25	26	27	28
29	30	31				

August

Mo	Di	Mi	Do	Fr	Sa	So
			1	2	3	4
5	6	7	8	9	10	11
12	13	14	15	16	17	18
19	20	21	22	23	24	25
26	27	28	29	30	31	

September

Mo	Di	Mi	Do	Fr	Sa	So
						1
2	3	4	5	6	7	8
9	10	11	12	13	14	15
16	17	18	19	20	21	22
23	24	25	26	27	28	29
30						

Oktober

Mo	Di	Mi	Do	Fr	Sa	So
	1	2	3	4	5	6
7	8	9	10	11	12	13
14	15	16	17	18	19	20
21	22	23	24	25	26	27
28	29	30	31			

November

Mo	Di	Mi	Do	Fr	Sa	So
				1	2	3
4	5	6	7	8	9	10
11	12	13	14	15	16	17
18	19	20	21	22	23	24
25	26	27	28	29	30	

Dezember

Mo	Di	Mi	Do	Fr	Sa	So
						1
2	3	4	5	6	7	8
9	10	11	12	13	14	15
16	17	18	19	20	21	22
23	24	25	26	27	28	29
30	31					

1 Beantworte die Fragen mithilfe des Kalenders.

Wie heißt der 4. Monat? ____________

Wie heißt der 12. Monat? ____________

Wie viele Tage hat der Mai? ☐ Tage

Wie viele Tage hat der 9. Monat? ☐ Tage

2 Kreise die folgenden Tage im Kalender ein.

a) 11.11.2019 b) 17.02.2019 c) 30.04.2019

d) deinen Geburtstag e) den ersten Weihnachtsfeiertag

3 Rechne.

Eine Woche dauert 7 Tage. Vier Wochen dauern ☐ Tage.

Die drei letzten Monate des Jahres dauern zusammen ☐ Tage.

Die Sommerferien dauern 44 Tage. Das sind ☐ Wochen und ☐ Tage.

1 Wie viel Wasser passt hinein? Verbinde.

15 ml	1 ml	250 ml	100 ml	1 l	500 ml	150 l	10 l

2 In einen hohlen Würfel mit 1 cm Kantenlänge passt genau 1 ml Wasser. Finde heraus, wie viele Würfel in die Quader passen. Schreibe dein Ergebnis auch in Milliliter.

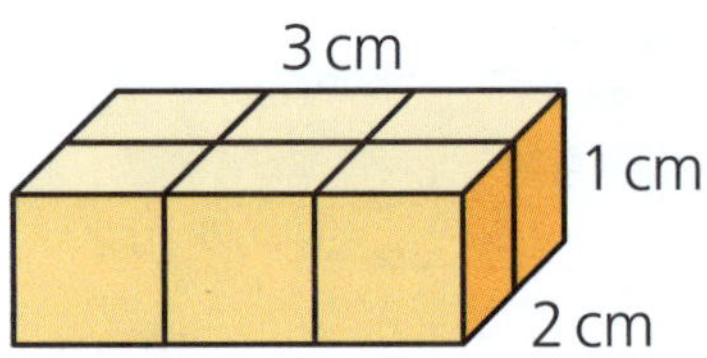

6 Zentimeterwürfel

6 ml

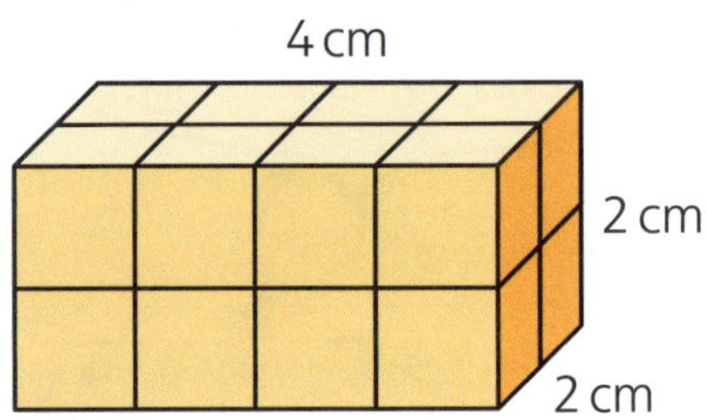

Zentimeterwürfel

ml

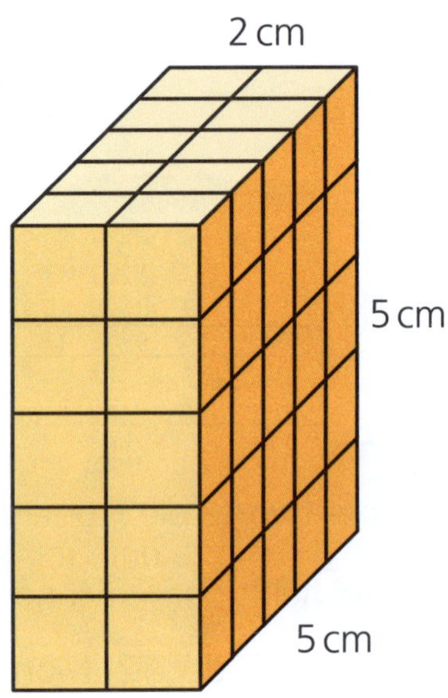

Zentimeterwürfel

ml

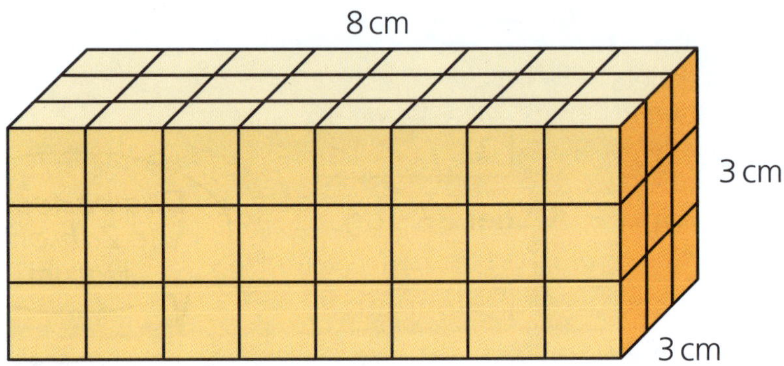

Zentimeterwürfel

ml

3 Für sein Aquarium braucht Milo 25 l destilliertes Wasser. Ein Kanister enthält 4 l.
Wie viele Kanister muss er kaufen? Fülle die Tabelle aus.

Kanister	1	2	3					
Liter	4 l							

A: Milo muss Kanister kaufen.

1 Setze ein. Benutze die Begriffe auf den Karten.

wiegt mehr als | wiegt weniger als | wiegt genauso viel wie

Ein Elefant ______________________ ein Gnu.

Ein Fahrrad ______________________ ein Auto.

Eine große Maus ______________________ ein kleiner Bär.

Ein Kilogramm Federn ______________________ ein Kilogramm Eisen.

Ein kleiner Kühlschrank ______________________ ein großes Eis.

2 Ordne die Gewichte zu.

Eimer mit Wasser

2 Büroklammern

Packung Mehl

Kleinwagen

1 g | 100 g | 10 kg | 1 t

10 g | 1 kg | 100 kg | 10 t

Schokolade

Walnuss

Lastwagen

Delfin

3 Die Gewichte der Gegenstände in Aufgabe 2 heißen Merkgewichte.
Lerne sie auswendig. Beispiel: „Tafel Schokolade – 100 g".
Lass dich abfragen.

4 Vergleiche die Bilder mit den Bildern aus Aufgabe 2.
Streiche falsche Gewichtsangaben durch.

20 kg
105 kg
450 kg

1 g
20 g
150 g

170 g
170 kg
170 t

250 g
600 g
4 kg

1 Rechne um. Beachte den Kasten.

7 000 kg = ___ t
15 000 g = ___ kg
54 000 g = ___ kg
2 000 kg = ___ t

23 t = ___ kg
6 kg = ___ g
100 t = ___ kg
11 kg = ___ g

> 1 000 g = 1 kg
> 1 000 kg = 1 t
>
> Beispiele:
> 6 000 kg = 6 t
> 24 000 g = 24 kg

2 Rechne die Gewichte in die vorgegebene Einheit um.

6 kg 35 g = 6000 g + 35 g = 6035 g
25 kg 200 g = ___ g + ___ g = ___ g
60 kg 17 g = ___ g + ___ g = ___ g
7 t 200 kg = ___ kg + ___ kg = ___ kg
1 t 980 kg = ___ kg + ___ kg = ___ kg

27 777 g = ___ kg ___ g
1 001 kg = ___ t ___ kg
11 735 g = ___ kg ___ g
44 400 kg = ___ t ___ kg
25 500 g = ___ kg ___ g

3 Rechne um und addiere schriftlich.

28 kg 350 g + 6 kg 700 g

		2	8	3	5	0 g
+						g
						g

9 kg 28 g + 111 kg 222 g

						g
+						g
						g

74 t 200 kg + 25 t 805 kg

						kg
+						kg
						kg

4 Fülle die Tabellen aus. Rechne bei ☆ in die größere Einheit um.

Lollis	Gewicht
1	12 g
10	
100	
1 000	☆
10 000	
100 000	

Melonen	Gewicht
1	2 500 g
10	☆
100	
1 000	
10 000	☆
100 000	

5 Ein Lastwagen wiegt 11 t 500 kg, der Anhänger 9 t 400 kg.
Wie viel wiegen Lastwagen und Anhänger zusammen?

A: Lastwagen und Anhänger wiegen zusammen ___ t ___ kg.

1 Ein mittelgroßes Auto kostet etwa 30 000 €. Herr Seltsam möchte es mit 1-Cent-Münzen bezahlen. Wie schwer ist das Geld dann?

1 € = 100 ct

zehn 1-Cent-Münzen wiegen 23 g

Fülle die Tabellen aus. Rechne bei ⭐ um. 40

Euro	1-Cent-Münzen
1	100
10	1000
100	
1 000	
10 000	
30 000	

Anzahl der 1-Cent-Münzen	Gewicht
10	23 g
100	
1 000	
10 000	⭐
100 000	
1 000 000	
3 000 000	

A: Die Münzen wiegen zusammen ___ t ___ kg.

2 Wie weit kann man zählen, wenn man um 8 Uhr anfängt und um 18 Uhr aufhört?

Um eine große Zahl auszusprechen, benötigt man ungefähr 5 Sekunden.

Wie lange dauert es von 8 Uhr bis 18 Uhr? A: ___ Stunden.

1 h = 3 600 s, also sind ___ h = ___ s

	Zeit	Anzahl von Zahlen	
	5 s	1	
· 2	10 s		· 2
· ___	100 s		· ___
· ___	1 000 s		· ___
· ___	6 000 s		· ___
· ___	36 000 s		· ___

A: Man könnte bis ___ zählen.

1 Unterstreiche die **Mal**aufgabe oder die **Geteilt**aufgabe. Rechne.

7 + 4 · 3 = 7 + 12 = ___	23 – 12 : 2 = ___ ◯ ___ = ___
8 : 2 – 4 = ___ ◯ ___ = ___	9 · 7 + 36 = ___ ◯ ___ = ___
10 · 5 – 1 = ___ ◯ ___ = ___	27 : 3 + 6 = ___ ◯ ___ = ___
12 + 9 : 3 = ___ ◯ ___ = ___	90 – 4 · 4 = ___ ◯ ___ = ___

15 99 19 49 0 74 15 17

2 Kreuze das richtige Ergebnis an.

27 : 3 + 1 · 4 = ☐ 13 ☐ 40	8 + 4 – 6 · 2 = ☐ 0 ☐ 12	25 – 5 : 5 + 4 = ☐ 11 ☐ 28	2 · 2 + 2 : 2 = ☐ 3 ☐ 5
3 : 3 + 3 · 3 = ☐ 10 ☐ 12	24 – 6 : 3 + 3 = ☐ 11 ☐ 25	2 · 3 + 5 + 10 = ☐ 20 ☐ 21	18 : 2 – 6 : 3 = ☐ 1 ☐ 7

3 Setze die Rechenzeichen so, dass das vorgegebene Ergebnis herauskommt.

20 · 5 – 5 = 95	24 ◯ 12 ◯ 2 = 0	4 ◯ 4 ◯ 4 ◯ 4 = 8
20 ◯ 5 ◯ 5 = 45	24 ◯ 12 ◯ 2 = 18	4 ◯ 4 ◯ 4 ◯ 4 = 16
20 ◯ 5 ◯ 5 = 20	24 ◯ 12 ◯ 2 = 48	4 ◯ 4 ◯ 4 ◯ 4 = 9
20 ◯ 5 ◯ 5 = 105	10 ◯ 10 ◯ 10 = 30	4 ◯ 4 ◯ 4 ◯ 4 = 32
20 ◯ 5 ◯ 5 = 19	10 ◯ 10 ◯ 10 = 110	4 ◯ 4 ◯ 4 ◯ 4 = 24
20 ◯ 5 ◯ 5 = 9	10 ◯ 10 ◯ 10 = 90	4 ◯ 4 ◯ 4 ◯ 4 = 2

1 Rechne. Beachte die Klammern.

(2 + 4) · 100 =	40 · (3 + 17) =
(40 + 16) : 8 =	84 : (4 – 2) =
100 : (14 – 4) =	(96 – 36) : 10 =
7 · (77 + 23) =	(25 + 15) · 30 =

2 Immer 2 Aufgaben haben das gleiche Ergebnis. Verbinde.

27 · (61 – 4)

(399 + 37) · 7

(15 – 8) · 436

(10 – 1) · 46

(19 + 8) · 57

(17 – 13) · 524

(20 + 26) · 9

(320 + 204) · 4

3 Rechne. Beachte zuerst die Klammern. Rechne danach Mal und Geteilt. Rechne zuletzt Plus und Minus.

(7 + 6) · 10 =	40 : 4 + 6 =	4 + (3 · 5) =
7 + 6 · 10 =	40 : (4 + 6) =	4 + 3 · 5 =
7 + (6 · 10) =	(40 : 4) + 6 =	(4 + 3) · 5 =

4 Rechne schriftlich. Du benötigst jeweils 2 Rechnungen.

(5 256 + 3 827) · 7 =

5 256 + 3 827 · 7 =

1 Markiere die rechten Winkel mit ∟. Färbe parallele Seiten in derselben Farbe.

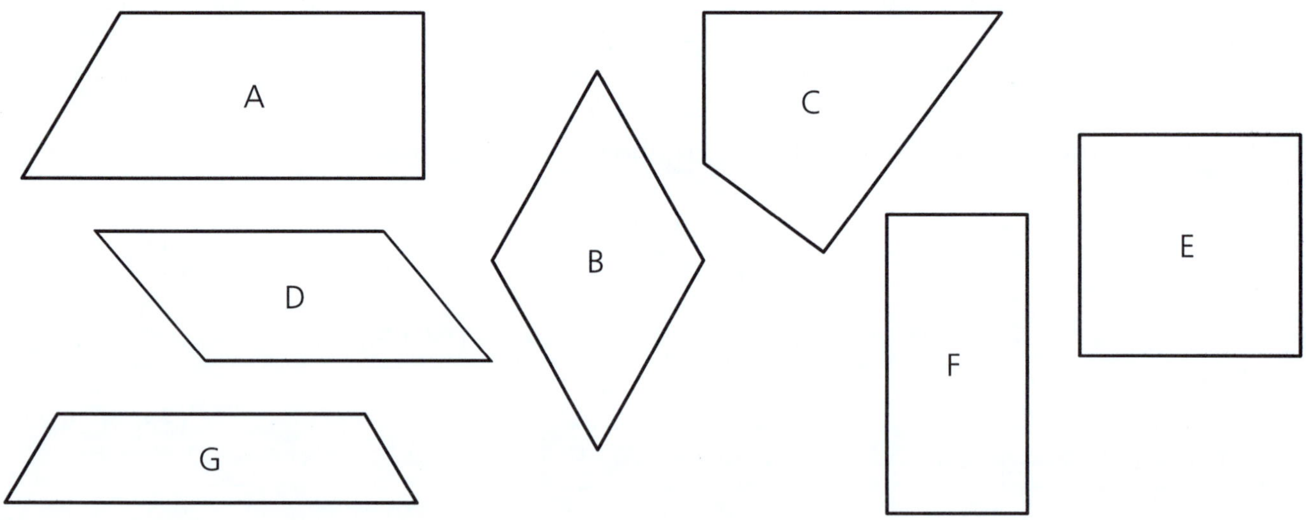

2 Notiere die Buchstaben der Figuren, die in Frage kommen.

Diese Vierecke sind Trapeze: ______, ______, ______, ______, ______, ______

Diese Vierecke sind Parallelogramme: ______, ______, ______, ______

Diese Vierecke sind Rechtecke: ______, ______

Dieses Viereck ist ein Quadrat: ______

3 Vierecke, die zwei Paare benachbarter Seiten haben, die gleich lang sind, heißen **Drachenviereck**.

______, ______ und ______ sind Drachenvierecke.

4 Bei **Rauten** sind alle Seiten gleich lang.

______ und ______ sind Rauten.

1 Schreibe die Rechtswerte und die Hochwerte der Punkte in die Klammern.

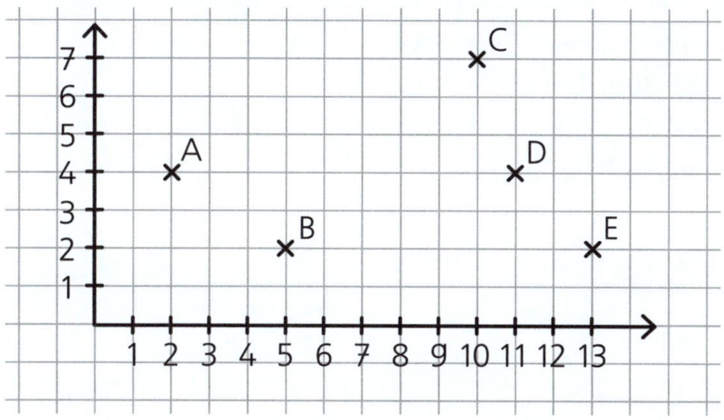

A(/)

B(/)

C(/)

D(/)

E(/)

2 Zeichne die Punkte in das Koordinatensystem.

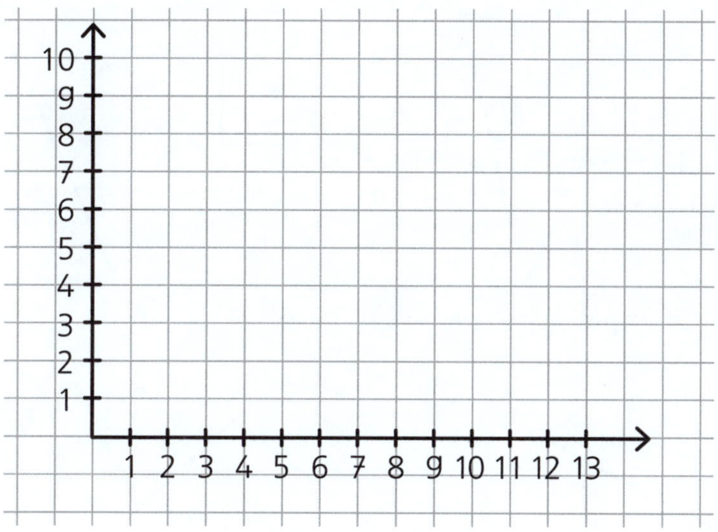

A(2/7), B(1/3), C(4/3) und D(5/7)

M(9/10), N(7/8), O(9/6) und P(11/8)

X(4/1), Y(12/1) und Z(9/3)

3 Verbinde. Welche Form ist es?

a) Verbinde A, B, C und D miteinander. Du erhältst ein ________________.

b) Verbinde M, N, O und P miteinander. Du erhältst ein ________________.

c) X, Y und Z sind die Ecken eines ________________ Dreiecks.

So heißen die Teile eines Winkels:

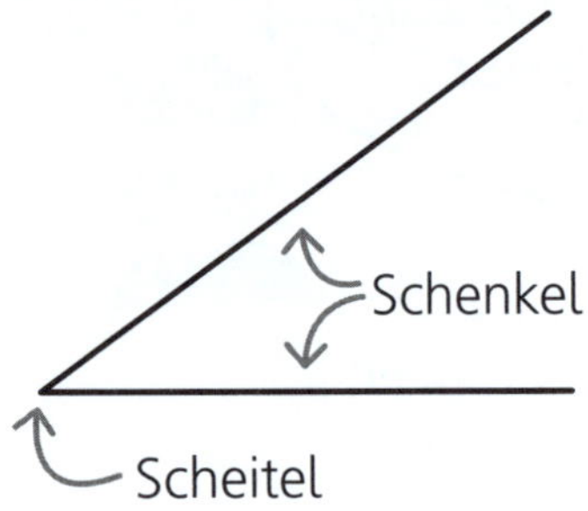

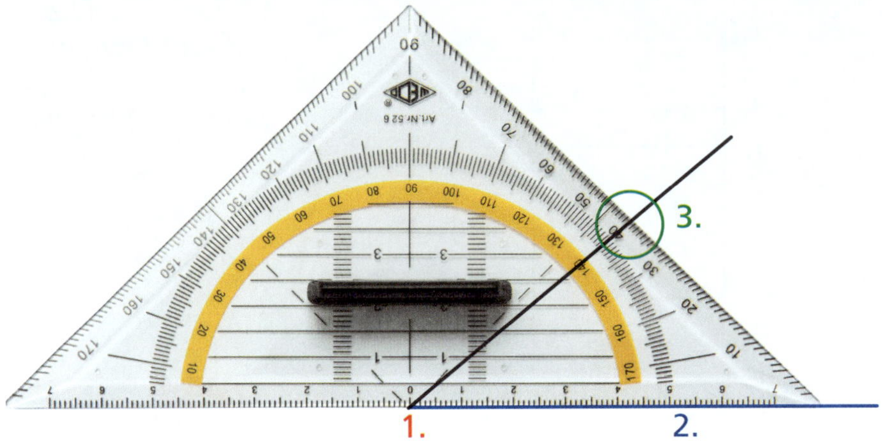

So misst man einen Winkel:

1. Lege den Nullpunkt des Geodreiecks auf den Scheitel des Winkels.
2. Drehe das Geodreieck, bis seine Kante auf dem Schenkel des Winkels liegt und dabei der andere Schenkel unter dem Geodreieck ist.
3. Lies die Winkelskala des Geodreiecks dort ab, wo der andere Schenkel sie schneidet. Nimm die Skala, die beim ersten Schenkel bei 0 beginnt.

1 Miss und notiere die spitzen Winkel. Spitze Winkel sind kleiner als 90°.

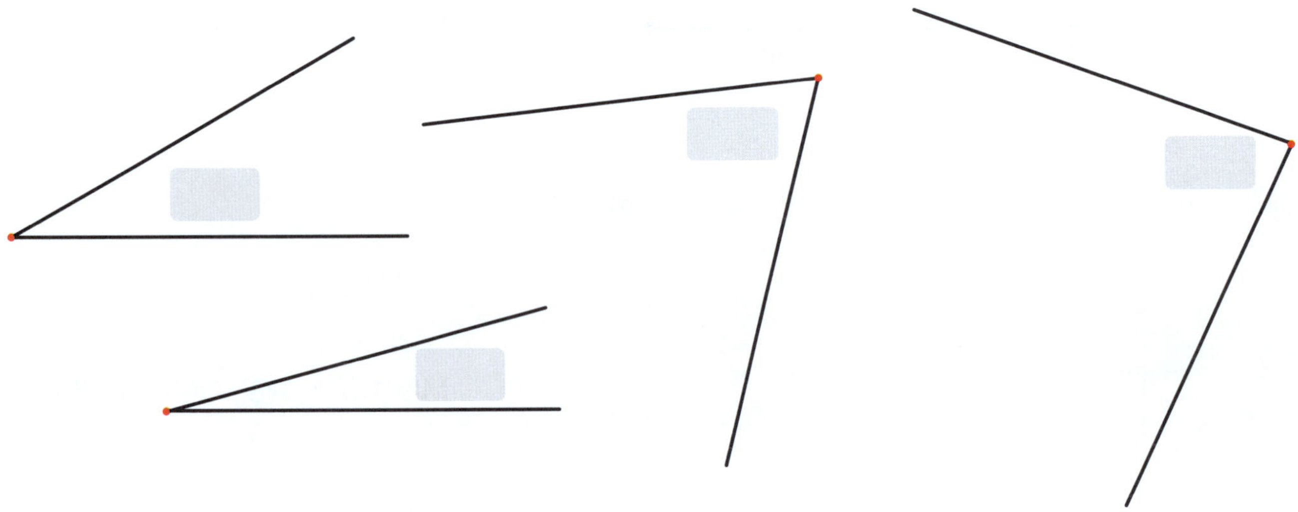

2 Miss und notiere die stumpfen Winkel. Stumpfe Winkel sind größer als 90° und kleiner als 180°.

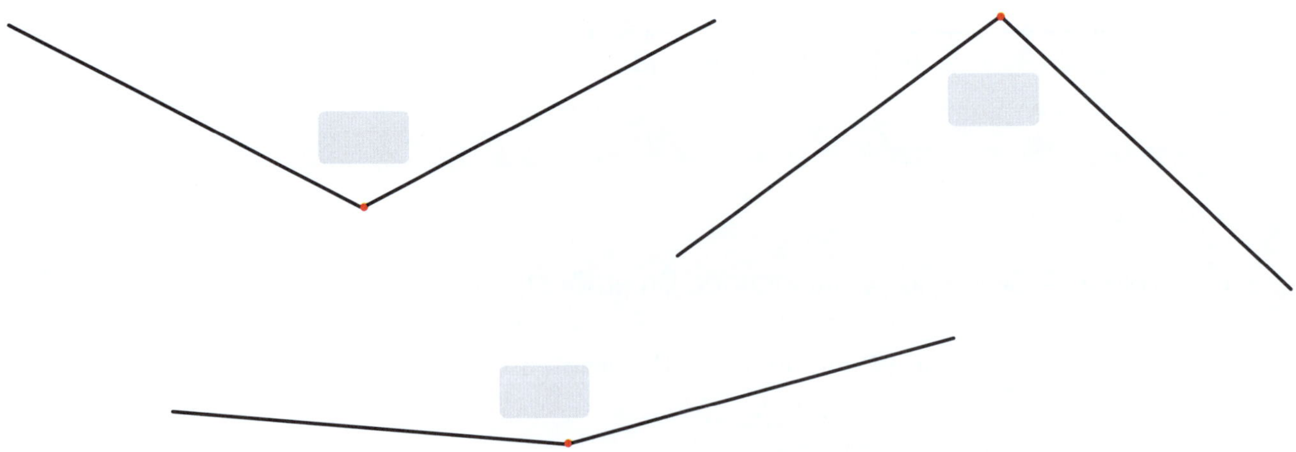

1 **a)** Zeichne die vier Punkte A, B, C und D in das Koordinatensystem.

A(1/1), B(6/1), C(6/5), D(1/5)

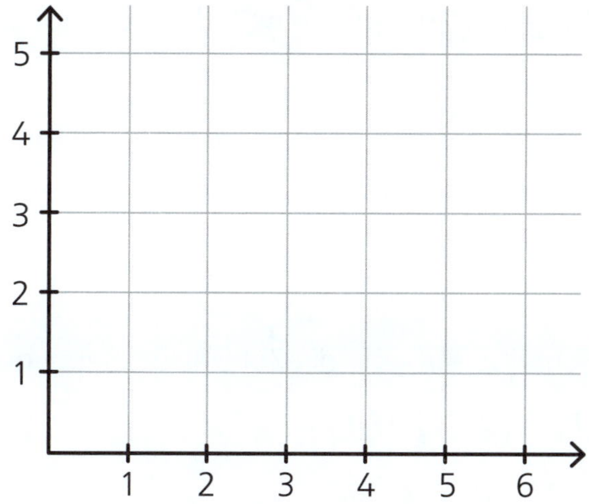

b) Verbinde die Punkte zu einem Rechteck. Berechne den Umfang des Rechtecks.

U =

c) Berechne die Fläche des Rechtecks.

F =

2 **a)** Trage die Punkte P(2/6), Q(7/1) und R(13/7) in das Koordinatensystem ein. Verbinde sie zu einem Dreieck.

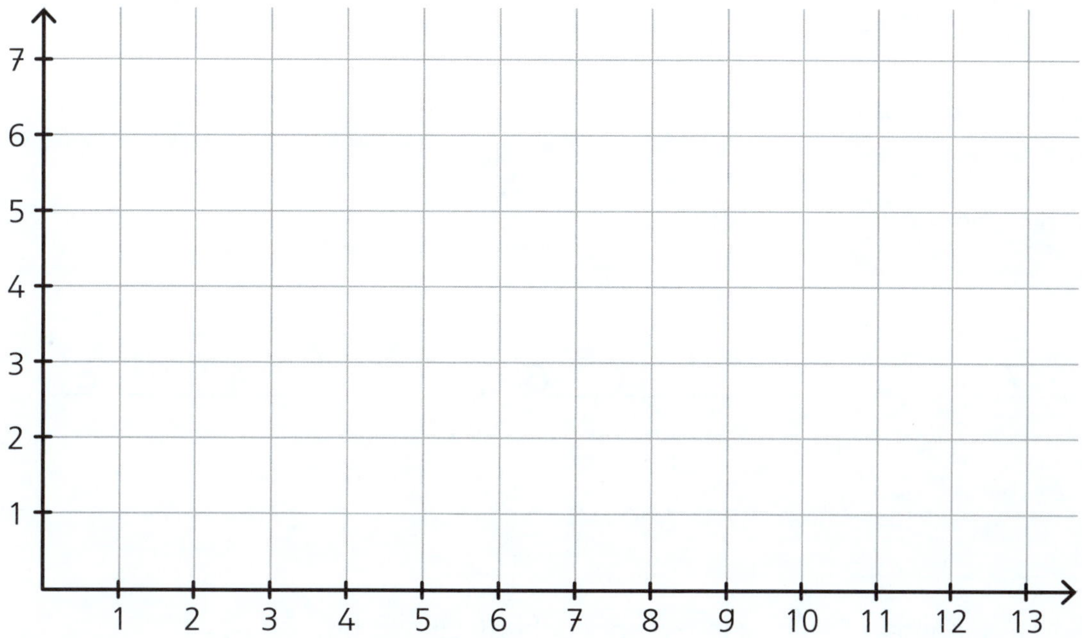

b) Miss die Winkel des Dreiecks.

Winkel bei P: Winkel bei Q: Winkel bei R:

c) Ergänze: Das Dreieck ist ein ____________________ Dreieck.

3 **a)** Zeichne die Punkte W(1/1), X(3/1), Y(6/5) und Z(4/5) in das Koordinatensystem von Aufgabe 2. Verbinde sie zu einem Viereck. Benutze einen roten Stift.

b) Welche Art von Viereck ist es? A: Es ist ein ____________________.

c) Berechne den Umfang.

U = ____ + ____ + ____ + ____ = ____

32 **1** Trage die Zahlen in die Stellenwerttabelle ein.

	Bio			Mrd			Mio			HT	ZT	T	H	Z	E
404 Milliarden 392 Millionen 99 Tausend 320															
11 Billionen 321 Milliarden 2 Millionen 229															
800 Billionen 80 Milliarden 800 Tausend 88															

32 **2** Schreibe auf, wie die Zahl heißt. Setze auch die kleinen Punkte.

2731204960 ____________________

122000043320000 ____________________

3302624438 ____________________

33 **3** Runde die Zahlen auf die angegebenen Stellenwerte.

auf Zehntausender: 27318247 ≈ ______

auf Billionen: 26547296328411 ≈ ______

34 **4** Multipliziere die obere Aufgabe schriftlich.

$81 \cdot 7 =$ ______ $576 \cdot 6 =$ ______ $2469 \cdot 5 =$ ______

81 · 7 576 · 6 2469 · 5

$81 \cdot 7000 =$ ______ $576 \cdot 600 =$ ______ $2469 \cdot 50 =$ ______

34 **5** Rechne. Wandle dann dein Ergebnis in die angegebene Einheit um.

$200 \cdot 7$ mm = ______ mm = ______ cm $5 \cdot 40$ cm = ______ cm = ______ m

$8 \cdot 500$ m = ______ m = ______ km $400 \cdot 2$ mm = ______ mm = ______ cm

37 **6** Beantworte die Fragen zum Kalender.

Wie heißt der Monat nach Oktober? ______

Wie heißt der 3. Monat? ______

Wie viele Tage hat der Juni? ______ Tage

37 **7** Die Weihnachtsferien dauern 16 Tage. Wie viele Wochen und Tage sind das?

A: Die Weihnachtsferien dauern ______ Wochen und ______ Tage.

36 **8** Berechne den Flächeninhalt der Form. Unterteile dafür die Form mit einem Trennstrich. Miss die Länge der Seiten und notiere sie.

Flächeninhalt = ______

38 **9** Wie viel Wasser passt in die Gegenstände?

Trinkglas: ______ Badewanne: ______ Tintenpatrone: ______

39 **10** Notiere die Gewichte.

Walnuss: ______ Lastwagen: ______ Delfin: ______

40 **11** Rechne um und addiere schriftlich.

48 kg 450 g + 2 kg 560 g

	4	8	4	5	0	g
+						g
						g

12 t 600 kg + 15 t 750 kg

						kg
+						kg
						kg

22 kg 534 g + 927 g

						g
+						g
						g

42 **12** Rechne. Beachte die Regel von Seite 42.

9 + 2 · 4 = ___ ○ ___ = ___

6 : 3 + 3 = ___ ○ ___ = ___

20 − 2 · 5 = ___ ○ ___ = ___

40 : 8 + 25 = ___ ○ ___ = ___

9 + 1 · 21 = ___ ○ ___ = ___

17 − 16 : 4 = ___ ○ ___ = ___

43 **13** Rechne. Beachte die Regel von Seite 43.

9 · (7 + 3) = ___

12 : (4 + 2) = ___

(3 + 5) · 5 = ___

(9 + 9) : 9 = ___

(8 + 2) · 10 = ___

18 : (6 · 3) = ___

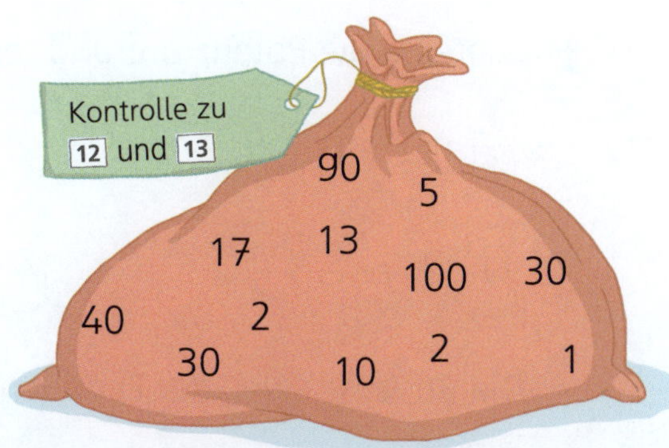

Manche Malaufgaben kann man auch kürzer aufschreiben, wenn sie nur aus gleichen Zahlen bestehen.

Potenz → 3^4 ← Exponent

↑ Basis

Beispiel:
$3 \cdot 3 \cdot 3 \cdot 3$ kann man als 3^4 schreiben.

Die **Basis** gibt an, welche Zahl mit sich selbst malgenommen wird.
Der **Exponent** gibt an, wie oft die Basis in der Malaufgabe steht.
Basis und Exponent zusammen heißen **Potenz**.

1 Ordne den Potenzen die berechneten Malaufgaben zu. Es bleiben Malaufgaben übrig, die nicht als Potenz geschrieben werden können. Streiche diese durch.

2^3 7^4 3^2 5^5 2^7 2^6 9^3

$3 \cdot 3 = 9$ | $1 \cdot 2 \cdot 3 \cdot 4 = 24$ | $5 \cdot 5 \cdot 5 \cdot 5 \cdot 5 = 3125$ | $2 \cdot 7 = 14$ | $2 \cdot 2 \cdot 2 = 8$ | $9 \cdot 3 = 27$ | $9 \cdot 9 \cdot 9 = 729$ | $2 \cdot 2 \cdot 2 \cdot 2 \cdot 2 \cdot 2 = 64$ | $7 \cdot 4 = 28$ | $2 \cdot 6 = 12$ | $7 \cdot 7 \cdot 7 \cdot 7 = 2401$ | $2 \cdot 2 \cdot 2 \cdot 2 \cdot 2 \cdot 2 \cdot 2 = 128$

2 Schreibe die Potenz als Malaufgabe und rechne sie aus.

$7^2 = 7 \cdot 7$ ______ = ____
$3^3 =$ ______ = ____
$6^2 =$ ______ = ____

$2^4 =$ ______ = ____
$4^2 =$ ______ = ____
$3^4 =$ ______ = ____

3 Schreibe die Potenz auf und rechne sie auf einem Notizzettel aus.

vier hoch 3 4^3 = ____

2 hoch sechs ____ = ____

9 hoch zwei ____ = ____

zehn hoch fünf ____ = ____

Die Basis ist zwei, der Exponent ist fünf. ____ = ____

24 **1** Berechne die Potenzen. Rechne schriftlich.

$13^3 =$ ____ $34^3 =$ ____ $88^3 =$ ____

Rechne: 13 · 13 · 13 Rechne: ____ Rechne: ____

		1	3	·	1	3
				1	3	
					3	9
				1	6	9
	1	6	9	·	1	3
			1	6	9	
				5	0	7
			1			
			2	1	9	7

2 Wie heißen die Ergebnisse? Schreibe die Zahlwörter auf.

$10^2 = 10 \cdot 10 = 100$ Hundert

$10^3 =$ ____ = ____ ____

$10^4 =$ ____ = ____ ____

$10^5 =$ ____ = ____ ____

$10^6 =$ ____ = ____ ____ ____

$10^7 =$ ____ = ____ ____ ____

3 Verdopple die Zahl 2 so oft wie möglich. Schreibe die Aufgaben als Potenzen.

$2^2 = 2 \cdot 2 = 4$

$2^3 = 2 \cdot 2 \cdot 2 = 4 \cdot 2 = 8$

$2^4 = 2 \cdot 2 \cdot 2 \cdot 2 =$

$2^5 =$

Wenn man **eine Zahl** ohne Rest durch eine **andere Zahl** teilen kann, heißt sie „teilbar“ durch diese Zahl.

27 : 3 = 9 (ohne Rest)
Also ist 27 durch 3 teilbar.

Zahlen, die durch 2 teilbar sind, heißen „gerade Zahlen“. Zahlen, die nicht durch 2 teilbar sind, heißen „ungerade Zahlen“.

16 : 2 = 8 (ohne Rest) 16 ist gerade
17 : 2 = 8 Rest 1 17 ist ungerade

1 Beantworte die Fragen. Begründe damit, ob ein Rest bleibt oder nicht.

Ist 16 durch 4 teilbar?	16 : 4 = 4	A: Ja, denn es bleibt kein Rest.
Ist 30 durch 7 teilbar?	30 : 7 = 4 R2	A: ______
Ist 26 durch 5 teilbar?	______	A: ______
Ist 60 durch 10 teilbar?	______	A: ______
Ist 11 gerade?	11 : 2 =	A: ______
Ist 40 gerade?	______	A: ______

2 Finde Vielfache der angegebenen Zahlen.

Vielfache von 6

☐ · 6 = ______
☐ · 6 = ______
☐ · 6 = ______

Vielfache von 20

☐ · ☐ = ______
☐ · ☐ = ______
☐ · ☐ = ______

Vielfache von 12

☐ · ☐ = ______
☐ · ☐ = ______
☐ · ☐ = ______

Vielfache von 40

☐ · ☐ = ______
☐ · ☐ = ______
☐ · ☐ = ______

3 Die Zahlen im Kasten sind Vielfache der angegebenen Zahlen. Schreibe sie in die richtige Zeile.

Vielfache von 5: 10, ______
Vielfache von 7: ______
Vielfache von 8: ______
Vielfache von 6: ______
Vielfache von 11: ______

45 ~~10~~ 32 16 12 21 33 99 28 15 36 14 44 20 22 49 18

1 Kreise alle Zahlen, die **durch 2** teilbar sind, **rot** ein.
Kreise alle Zahlen, die **durch 5** teilbar sind, **blau** ein.
Kreise alle Zahlen, die **durch 10** teilbar sind, **grün** ein.

1	2	3	4	5	6	7	8	9	10
11	12	13	14	15	16	17	18	19	20
21	22	23	24	25	26	27	28	29	30
31	32	33	34	35	36	37	38	39	40
41	42	43	44	45	46	47	48	49	50
51	52	53	54	55	56	57	58	59	60

2 Schreibe die Teilbarkeitsregeln zu Ende. Beachte Aufgabe 1.

Zahlen, die durch 2 teilbar sind, haben als letzte Ziffer eine ___, ___, ___, ___ oder ___.

Zahlen, die durch 5 teilbar sind, haben als letzte Ziffer eine ___ oder ___.

Zahlen, die durch 10 teilbar sind, haben als letzte Ziffer eine ___.

3 Kreise die durch 2, 5 und 10 teilbaren Zahlen in denselben Farben ein wie in Aufgabe 1.

64 554 1 000 625 540 504
320 555 4 712 77 323 405

Eine Zahl, die genau 2 Teiler hat, heißt **Primzahl**. Primzahlen sind nur durch 1 und sich selbst teilbar.

Wenn du zu einem Ergebnis eine Malaufgabe findest, in der der Faktor 1 nicht vorkommt, dann ist das Ergebnis keine Primzahl.

Beispiel:
77 = 11 · 7

77 ist keine Primzahl.

4 Ist die Zahl eine Primzahl **oder** ist sie durch eine andere Zahl als 1 und sich selbst teilbar? Kreuze an.

34 ☐ Primzahl ☐ keine Primzahl, weil teilbar durch ___
37 ☐ Primzahl ☐ keine Primzahl, weil teilbar durch ___
55 ☐ Primzahl ☐ keine Primzahl, weil teilbar durch ___

5 Schreibe 5 weitere Primzahlen auf. ___, ___, ___, ___, ___

1 Zeichne jeweils 4 passende Türme.

Baue Türme aus jeweils 4 Würfeln. Du darfst rote und blaue Würfel verwenden.

Baue Türme aus zwei grünen und zwei lila Würfeln.

2 Zeichne alle 12 verschiedenen Türme, die du aus , , und bauen kannst.

Beachte den Tipp bei Aufgabe 3.

3 Finde alle Möglichkeiten, Türme aus den Würfeln , , und zu bauen.
Finde erst alle Türme mit dem grünen Würfel unten.

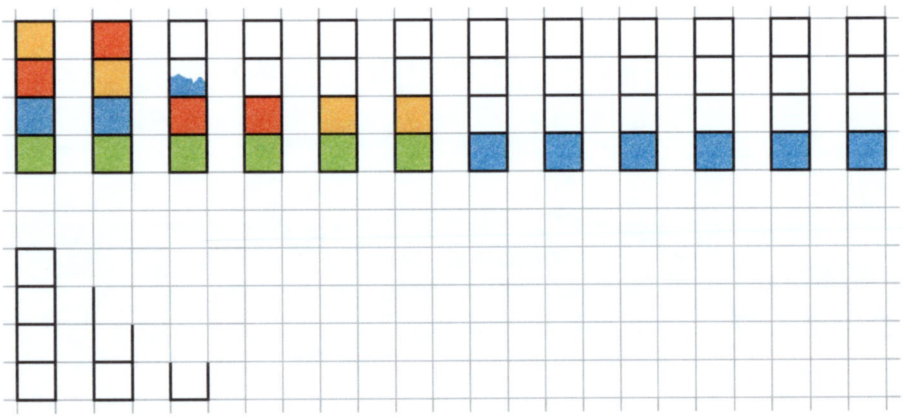

Tipp:
Schneide 4 Quadrate aus Papier aus. Färbe sie wie die Würfel. Dann kannst du mit ihnen probieren.

4 Du darfst Würfel in 5 verschiedenen Farben verwenden. Wie viele verschiedene Möglichkeiten gibt es, Zweiertürme zu bauen? Zeichne und zähle.

Es gibt ___ Möglichkeiten, Zweiertürme zu bauen.

eine ganze Torte	eine halbe Torte	eine viertel Torte
1 Torte	$\frac{1}{2}$ Torte	$\frac{1}{4}$ Torte

halbieren : 2 → halbieren : 2 →

1 Halbiere die Maßzahlen.

1 kg = 1 000 g	1 m = 100 cm	1 t = ___ kg	1 min = ___ s
$\frac{1}{2}$ kg = ___	$\frac{1}{2}$ m = ___	$\frac{1}{2}$ t = ___	$\frac{1}{2}$ min = ___
1 Tag = 24 h	1 l = ___ ml	1 € = ___	1 km = ___
$\frac{1}{2}$ Tag = ___	$\frac{1}{2}$ l = ___	$\frac{1}{2}$ € = ___	$\frac{1}{2}$ km = ___

2 Schreibe die Schilder zu Ende. Halbiere von $\frac{1}{2}$ zu $\frac{1}{4}$.

1 h = 60 min	**1 km = 1 000 m**	**1 Jahr = 12 Monate**
$\frac{1}{2}$ h = ___	**$\frac{1}{2}$ km = ___**	**$\frac{1}{2}$ Jahr = ___**
$\frac{1}{4}$ h = ___	**$\frac{1}{4}$ km = ___**	**$\frac{1}{4}$ Jahr = ___**

3 Rechne.

: 4 · 3

ein Ganzes (1)	ein Viertel ($\frac{1}{4}$)	drei Viertel ($\frac{3}{4}$)
1 kg	250 g	g
1 h	min	min
1 m	cm	cm

4 Tim geht zum Fußballtraining. Für den Hinweg und den Rückweg benötigt er je $\frac{1}{2}$ h.

Das Training dauert 1 $\frac{1}{2}$ h. Wie lange ist er von zu Hause weg?

A: Er ist ___ h von zu Hause weg.

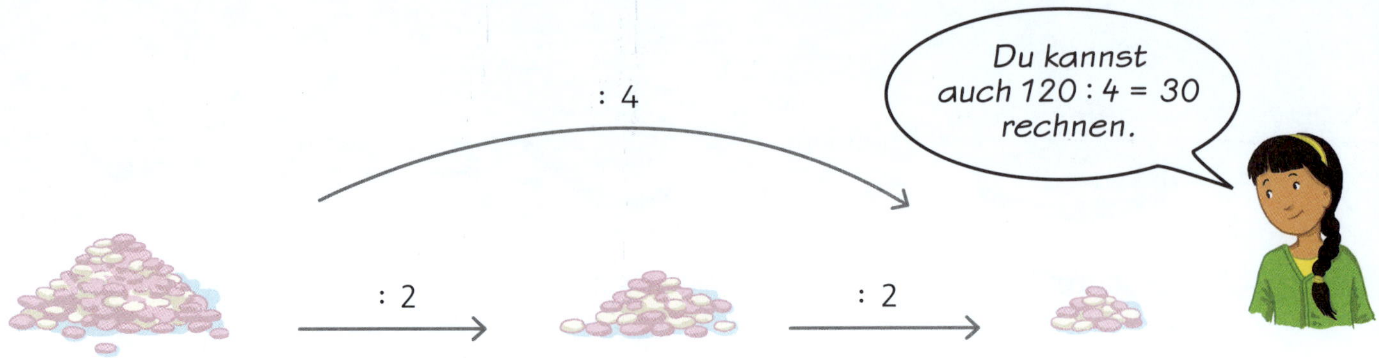

120 Schokolinsen

Die Hälfte:
120 : 2 = 60
60 Schokolinsen

Ein Viertel:
60 : 2 = 30
30 Schokolinsen

1 Rechne immer aus, wie viel die Hälfte der Menge ist. Wie viel ist ein Viertel der Menge?

Gesamtmenge	die Hälfte der Menge	ein Viertel der Menge
120 Schokolinsen		
1600 Bausteine		
440 Sammelkarten		
68 Buntstifte		

2 Setze die Hälfte oder ein Viertel ein. Rechne.

Vier Fischer haben zusammen 240 Fische gefangen. Jeder von ihnen erhält ______________ des Fangs. Das sind ☐ Fische für jeden Fischer.

Jonas und Mira bekommen von ihrer Oma 5 € für Eis. Jeder von ihnen bekommt ______________ des Geldes. Das sind ☐ € für jeden.

Aylas Familie fährt in den Urlaub. Auf der 860 km langen Strecke wechseln sich ihre Eltern am Steuer ab. Jeder fährt ______________ der Strecke. Das sind ☐ km für jeden.

Bea, Lea, Tom und Tim teilen sich eine Melone, die 2 kg wiegt. Jeder bekommt ______________ der Melone. Das sind ☐ g für jeden.

3 Eddas Mutter ist Autorin. Ihr neues Buch soll 160 Seiten haben. $\frac{3}{4}$ davon hat sie bereits geschrieben. Wie viele Seiten sind das? Tipp: Berechne zunächst, wie viel $\frac{1}{4}$ der Seiten sind.

A: Eddas Mutter hat bereits ☐ Seiten geschrieben.

Aufteilung in **Viertel**

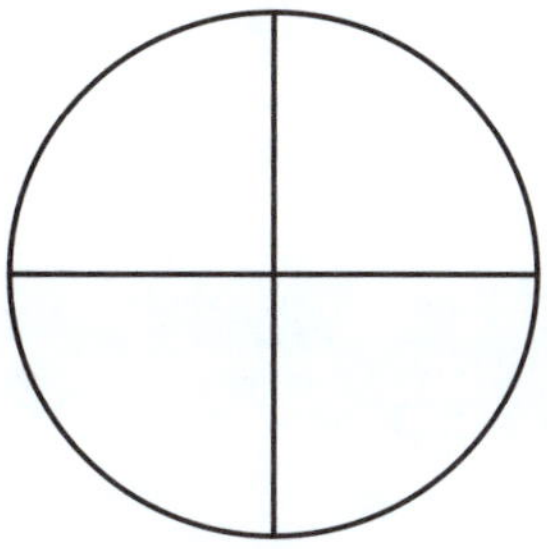

vier gleich große **Teile**

Aufteilung in **Neuntel**

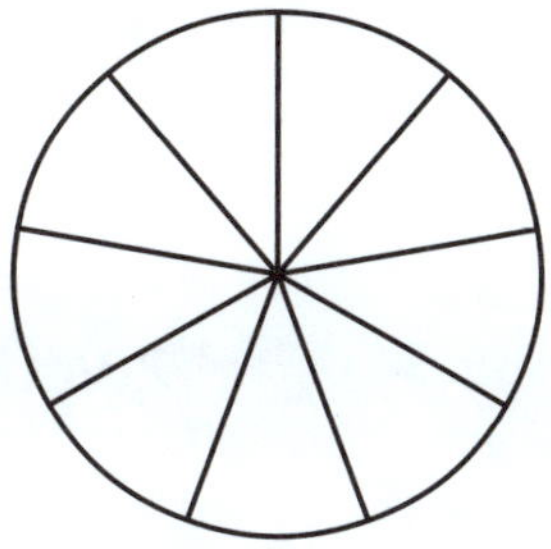

neun gleich große **Teile**

1 In welche Bruchteile wurden die Kreise aufgeteilt? Streiche falsche Aufteilungen durch.

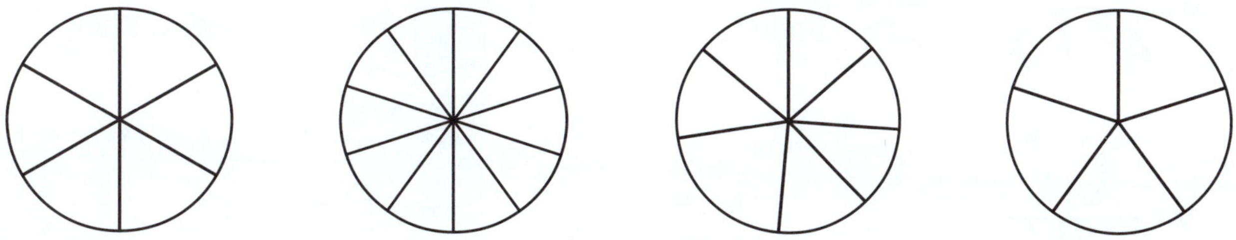

Aufteilung in ____________ Aufteilung in ____________ Aufteilung in ____________ Aufteilung in ____________

zwei	Teile	⟶	**Halb(e)**
drei	Teile	⟶	**Drittel**
Bei 4, …, 19	Teilen	⟶	… tel anhängen
Bei 20, 21, 22 …	Teilen	⟶	… stel anhängen

2 In welche Bruchteile wurden die Quadrate aufgeteilt?

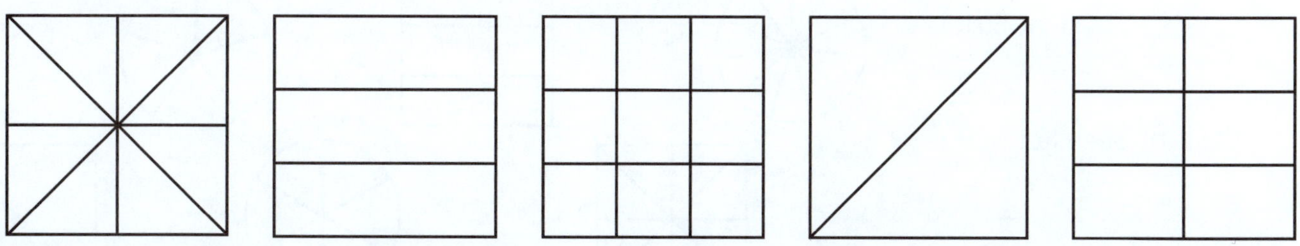

Ac ____________ ____________ ____________ ____________ ____________

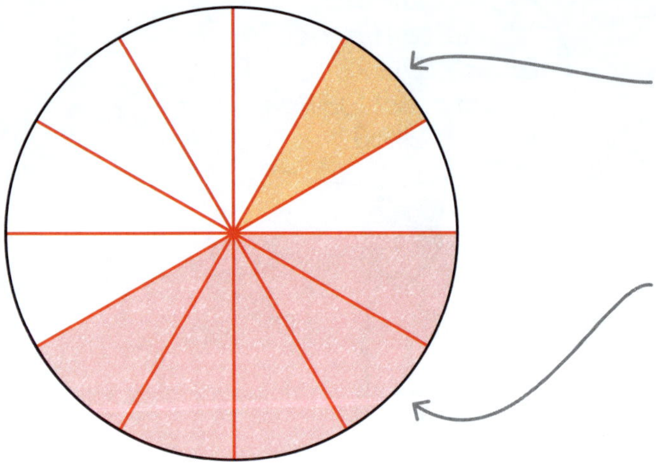

12 (zwölf) Teile

ein Zwölftel $\frac{1}{12}$

fünf Zwölftel $\frac{5}{12}$

1 Welcher Anteil ist eingefärbt? Kreuze die richtige Sprechweise an.

a) 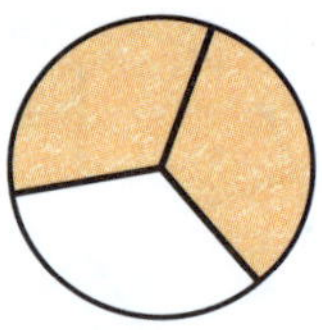

- ☐ zwei Dreitel
- ☐ drei Zweitel
- ☐ zwei Drittel

b) 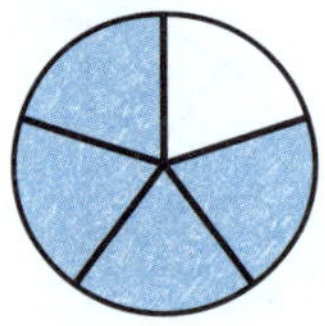

- ☐ vier Fünftel
- ☐ fünf Viertel
- ☐ ein Fünftel

c) 

- ☐ ein Sechsunddreißigtel
- ☐ elf Sechsunddreißigstel
- ☐ elf Sechsunddreißigtel

2 Schreibe die Bruchzahl. Ergänze.

a) sieben Halbe $\frac{\square}{\square}$

b) neun Neunzehntel $\frac{\square}{\square}$

c) acht ______________ $\frac{\square}{9}$

d) ein ______________ $\frac{\square}{100}$

e) ________ ______________ $\frac{4}{3}$

f) ________ ______________ $\frac{1}{30}$

3 Färbe die im Kasten genannten Bruchteile im richtigen Kreis oder Quadrat.

$\frac{1}{4}$	acht Elftel
	$\frac{2}{3}$
fünf Sechstel	
$\frac{5}{8}$	$\frac{2}{5}$

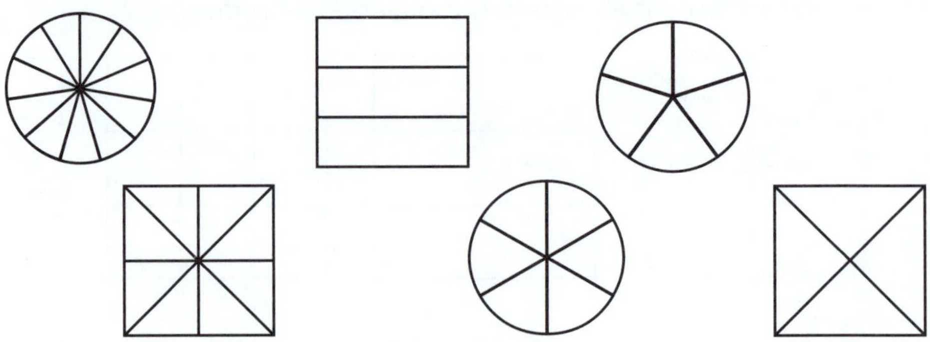

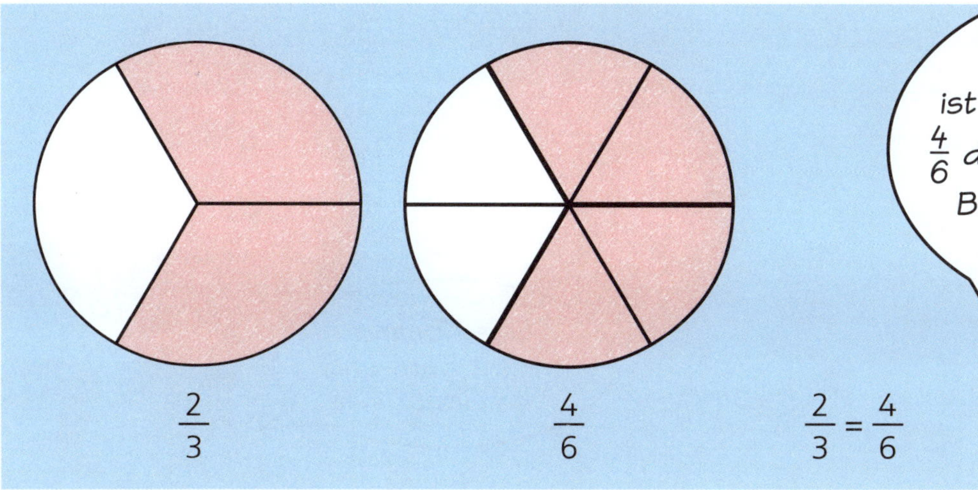

1 In beiden Feldern soll derselbe Anteil gefärbt sein.
Schreibe auch die fehlenden Bruchzahlen auf.

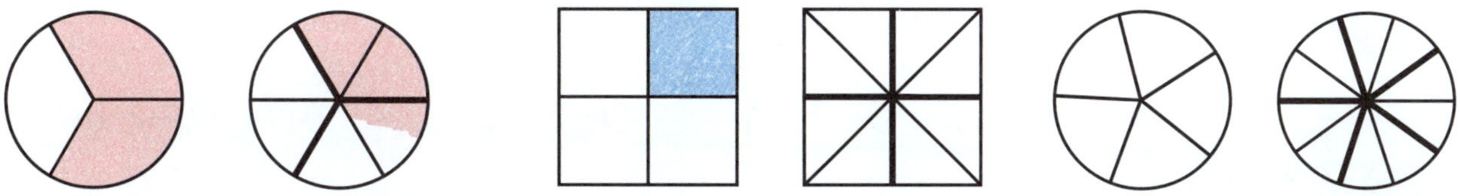

$\frac{2}{3} = \frac{\square}{\square}$ $\frac{1}{4} = \frac{\square}{\square}$ $\frac{3}{5} = \frac{\square}{\square}$

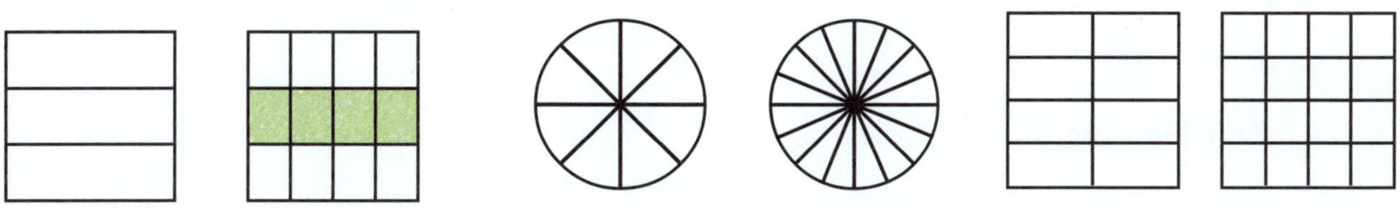

$\frac{\square}{\square} = \frac{\square}{\square}$ $\frac{\square}{\square} = \frac{10}{16}$ $\frac{\square}{\square} = \frac{10}{16}$

2 Welche Bruchzahl ist größer? Zeichne ein und vergleiche die gefärbten Bereiche.
Setze auch >, < oder = ein.

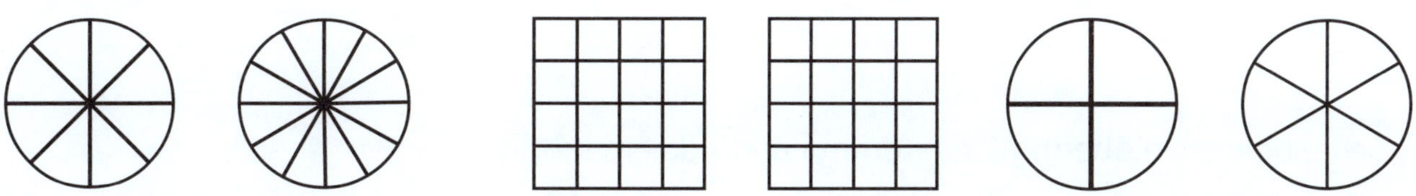

$\frac{3}{8}$ ○ $\frac{3}{12}$ $\frac{5}{16}$ ○ $\frac{7}{16}$ $\frac{2}{4}$ ○ $\frac{3}{6}$

So funktioniert die Stellenwerttabelle für Geldbeträge mit Komma:

· 10 · 10

100 €	10 €	1 € (100 ct)	10 ct	1 ct

: 10 : 10 : 10 : 10

183 € 47 ct

100 €	10 €	1 €	10 ct	1 ct
1	8	3	4	7

183,47 €

1 Trage die Geldbeträge in die Stellenwerttabelle ein. Notiere auch mit Komma.

	1000 €	100 €	10 €	1 €	10 ct	1 ct	
404 € 7 ct		4	0	4	0	7	404,07 €
1 663 € 36 ct							
40 € 11 ct							
678 € 1 ct							
1 000 € 99 ct							
770 € 70 ct							

2 Schreibe die Geldbeträge mit Komma.

3 Schreibe die Geldbeträge mit Komma und addiere schriftlich.

27 € + 6 € 89 ct

	2	7,	0	0	€
+		6,	8	9	€
		,			€

507 € 76 ct + 492 € 24 ct

61 € 5 ct + 9 € 99 ct

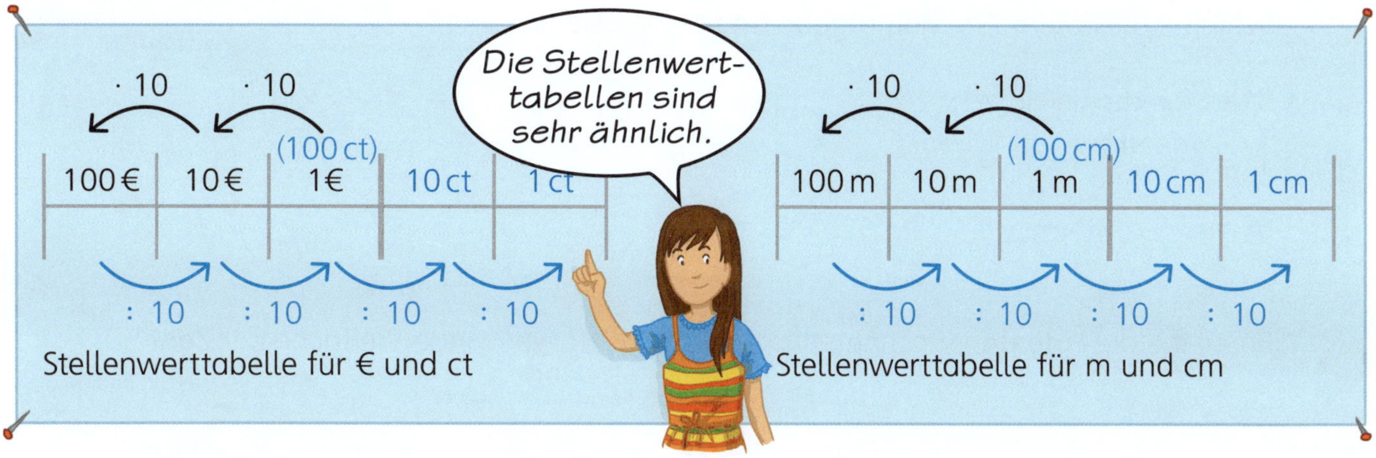

1 Trage die Längen in die Stellenwerttabelle ein und ergänze die fehlende Angabe.

	1 000 m	100 m	10 m	1 m	10 cm	1 cm	
26 m 24 cm							________
900 m 40 cm							________
________							542,14 m
________							1 133,00 m
________							0,27 m

2 Schreibe die Längen oder die Geldwerte auf 2 verschiedene Arten.

Länge oder Geldwert	mit Komma	ohne Komma
sieben Komma null vier Euro	, €	7 € 4 ct
dreiundzwanzig Meter und zwanzig Zentimeter		
eintausendfünfhundert Euro und ein Cent		
sechshundertdreißig Komma zwei zwei Meter		
achtzehn Komma neun vier Euro		

3 Färbe im Millimeterpapier das angegebene Flächenmaß.

	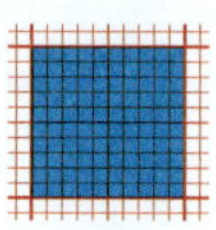 1 cm²	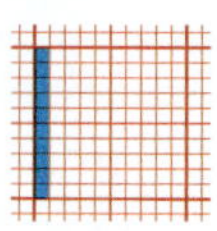 0,1 cm²	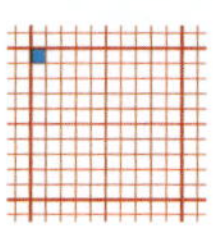 0,01 cm²
1,49 cm²			
5,04 cm²			
2,97 cm²			

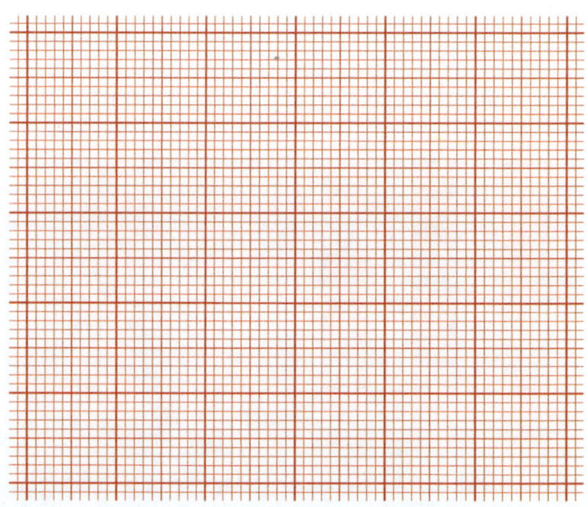

50 **1** Schreibe die Potenz als Malaufgabe und rechne sie aus.

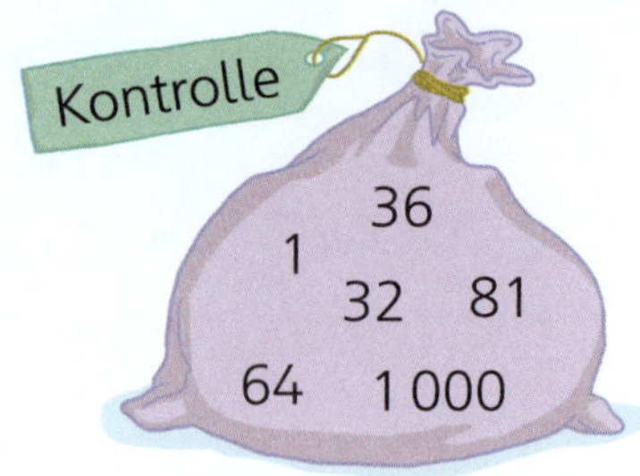

8^2 = ______ = ______ 9^2 = ______ = ______

1^4 = ______ = ______ 10^3 = ______ = ______

6^2 = ______ = ______ 2^5 = ______ = ______

51 **2** Berechne die Potenzen. Rechne schriftlich.

23^3 = ______

Rechne: ______

52 **3** Finde Vielfache der Zahl 50.

______ · 50 = ______

______ · ______ = ______

______ · ______ = ______

______ · ______ = ______

52 **4** Kreise alle Primzahlen ein.

11 16 13 18 15 10 17 19 14 12 20

52 **5** Beantworte die Fragen. Begründe damit, ob ein Rest bleibt oder nicht.

Ist 100 durch 10 teilbar? ______ A: ______

Ist 26 durch 6 teilbar? ______ A: ______

Ist 19 durch 1 teilbar? ______ A: ______

53 **6** Kreise ein: durch 2 teilbare Zahlen rot, durch 5 teilbare Zahlen blau, durch 10 teilbare Zahlen grün.

16 60 85 117 222 240 265 505 664

54 **7** Finde alle Möglichkeiten, mit , , , und Fünfertürme zu bauen.

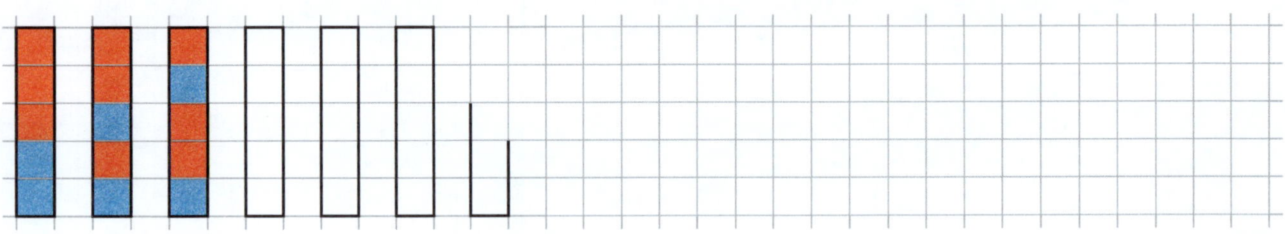

Es gibt ______ verschiedene Möglichkeiten, Fünfertürme zu bauen.

55 **8** Ergänze die Zahlen.

$\frac{1}{2}$ h = ___ min $\frac{1}{2}$ l = ___ ml $\frac{1}{2}$ kg = ___ g $\frac{1}{2}$ € = ___ ct

58 **9** Färbe die im Kasten genannten Bruchteile im richtigen Kreis oder Quadrat.

ein Sechstel $\frac{3}{16}$

$\frac{2}{7}$ vier Neuntel

$\frac{7}{12}$

sieben Achtel

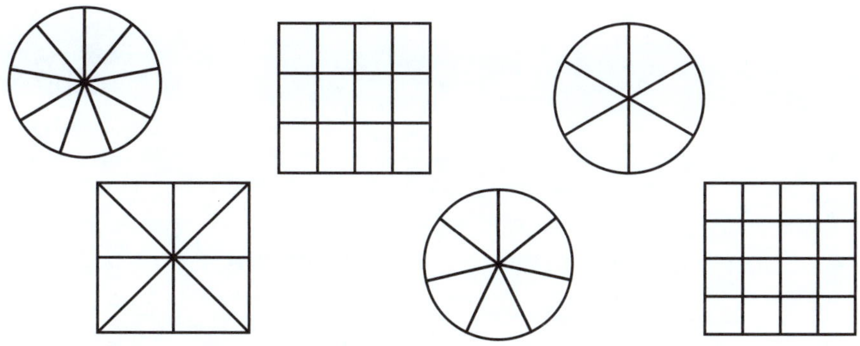

59 **10** In beiden Feldern soll derselbe Anteil gefärbt sein.
Schreibe auch die fehlenden Bruchzahlen auf.

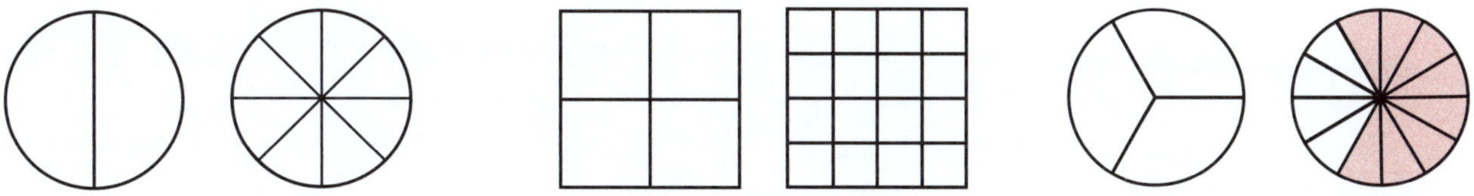

$\frac{1}{2}$ = ___ $\frac{3}{4}$ = ___ ___ = $\frac{8}{12}$

60 **11** Trage die Geldbeträge in die Stellenwerttabelle ein. Notiere auch mit Komma.

	1000 €	100 €	10 €	1 €	10 ct	1 ct	
2 300 € 26 ct							___
148 € 3 ct							___
89 ct							___
9 990 € 90 ct							___
731 €							___

60 **12** Schreibe die Geldbeträge mit Komma und addiere schriftlich.

299 € 7 ct + 26 € 86 ct 4 € 96 ct + 222 € 15 ct 321 € 1 ct + 9 € 99 ct

Addition / addieren / ich addiere

146 + 238 = 384

Summand · Summand · Summe

halbschriftliche Addition

```
146+238=384
-----------
100+200=300
 40+ 30= 70
  6+  8= 14
```

schriftliche Addition

```
  146
 +238
   1
 ----
  384
```

12

Subtraktion / subtrahieren / ich subtrahiere

384 – 238 = 146

Minuend · Subtrahend · Differenz

halbschriftliche Subtraktion

```
384-238=146
-----------
384-200=184
184- 30=154
154-  8=146
```

schriftliche Subtraktion

```
  384        7 10
 -238        3̸84
   1        -238
 ----       ----
  146        146
```

13

Multiplikation / multiplizieren / ich multipliziere

746 · 6 = 4476

Faktor · Faktor · Produkt

halbschriftliche Multiplikation

```
6·746=4476
----------
6·700=4200
6· 40= 240
6·  6=  36
```

schriftliche Multiplikation

```
746·6
-----
 4476

222·34
------
  666
   888
  1 1
------
  7548
```

24

Division / dividieren / ich dividiere

4476 : 6 = 746

Dividend · Divisor · Quotient

halbschriftliche Division

```
4476:6=746
----------
4200:6=700
 240:6= 40
  36:6=  6
```

schriftliche Division

```
4476:6=746
42
--
 27
 24
 --
  36
  36
  --
   0
```

25